"ALLEZ-Y, ON VOUS COUVRE !"

UN BARBOUZE AU SERVICE DE L'ÉTAT

26, rue Berthollet, 75005 Paris

Réalisation graphique : French Book Factory

ISBN : 978-2-7557-0357-3
N° 0357-1
Dépôt légal : mai 2008

www.editionsdupanama.com

Patrick Baptendier

"ALLEZ-Y, ON VOUS COUVRE !"

UN BARBOUZE AU SERVICE DE L'ÉTAT

PANAMA

Introduction

Nom : Baptendier.

Prénom : Patrick.

Né le : 20 juillet 1960.

Barbouze patenté de la DST.

Vingt-cinq années passées au service de la France, dont vingt-deux comme gendarme et près de trois comme agent de la Direction de la sûreté du territoire.

A obéi aux ordres en divulguant des renseignements détenus dans diverses administrations au profit de cabinets d'intelligence économique.

Signes particuliers : mis en examen pour « corruptions, recels de corruptions, complicités de violations de fichiers automatisés ».

A effectué quatre mois et demi de détention provisoire et risque plus de cinq ans de prison ferme.

Voici quelle pourrait être la fiche de renseignements police me concernant. Seulement voilà, la vérité ne se limite pas à quelques lignes bien tranchées.

Je m'apprête à vivre un procès éprouvant dans lequel les commanditaires de mes actes, institutionnels ou privés, ne seront étrangement pas inquiétés. Toute ma carrière, j'ai entendu : « Allez-y, on vous couvre ! » « Allez-y, on vous couvre ! », mais ne vous étonnez pas que l'on puisse couper le cordon à notre guise.

Ai-je été victime de ma naïveté ? Ou bien y a-t-il quelque chose de pourri dans cette belle République ? J'ai écrit depuis ma cellule au directeur de la DST, qui a préféré répondre directement au juge d'instruction tout en dénonçant mes « élucubrations ». J'ai écrit au président de la République. Le Président a transmis au ministère de l'Intérieur. Mais le ministère de l'Intérieur s'est déclaré incompétent. Comprenne qui pourra.

J'ai témoigné devant une commission parlementaire. Sans suite législative connue.

Au moment de mon procès, il n'y aura plus que moi à la barre. On me présentera comme un ex-gendarme ripou. Un de plus ! Et on passera à autre chose.

Je n'ai pas envie que ça se termine comme ça. Placé sur écoute, je détiens les preuves que j'ai agi en accord avec la DST et sous son contrôle pour ces entreprises d'intelligence économique qui m'ont laissé me salir les mains et se drapent dans leur probité. Dans la solitude qui m'entoure, aujourd'hui, il ne me reste plus qu'une seule solution : raconter pour dénoncer ! Dénoncer les systèmes étatiques ou privés de collecte de l'information nécessaire aux entreprises. Dénoncer l'aveuglement volontaire des pouvoirs publics. Dénoncer l'hypocrisie des discours, les faux-semblants.

C'est la raison d'être de ce livre.

Bienvenue dans le monde si transparent du renseignement économique.

Chapitre 1

« Bonjour, c'est la DST ! »

Printemps 2003, je viens de quitter l'Européenne de sécurité privée (ESP), une entreprise spécialisée dans la protection rapprochée des grands patrons, pour créer l'agence Iris Consultants. J'en suis le directeur d'exploitation et le seul salarié. Je travaille alors essentiellement pour Kroll, société américaine, leader mondial du renseignement, dont la branche française emploie une dizaine de permanents à Paris et s'appuie sur des structures comme Iris pour mener filatures et surveillances sur des personnalités du monde des affaires ou des décideurs internationaux.

Après une première mission – surveiller un homme d'affaires au Concorde-Lafayette –, Kroll m'a demandé de prendre en charge la filature d'un membre du conseil d'administration de Nokia. Il s'agit de le suivre dans tous ses déplacements parisiens, de son arrivée à Orly à 6 heures du matin, en provenance de Londres, jusqu'à son départ le soir même. Prévenu moins de deux jours plus tôt, j'ai tout de même eu le temps de mettre en place une équipe de six personnes qui se rend à l'aéroport une heure avant l'arrivée prévue de l'homme d'affaires. Mes hommes sont répartis en deux équipes. Trois à l'intérieur de l'aéroport, trois à l'extérieur, en voiture et à moto. Qu'il choisisse les transports en commun ou le taxi, nous sommes parés pour faire face à toute éventualité. Une technique policière dont j'ai usé à maintes reprises en unité de recherche lorsque j'étais gendarme. Soudain, avant même l'arrivée de l'avion, Stéphane, mon chef d'équipe, me téléphone.

– Patrick, il y a une autre équipe !

– Qui ?

– Ils sentent bon l'after-shave, baskets bien propres, jeans bien repassés. C'est la police.

– Bon, ben tu les contactes, tu te présentes et tu donnes mon numéro.

Je sais que les intérêts que je poursuis doivent s'effacer en toute circonstance devant la force publique. Mais les policiers, vexés ou méfiants, réagissent très mal et font interpeller trois de mes hommes par la police de l'air et des frontières. Les trois autres, restés non identifiés, m'en informent, tout en poursuivant sur mon ordre la mission, avec succès d'ailleurs. Finalement, au bout de trois heures, un officier prend contact avec moi. Je ne cache pas mon étonnement.

– Il y a un problème, pourquoi mes hommes sont-ils en garde à vue ?

– Pas du tout, ils ne sont pas en garde à vue.

– Mais si, ils sont retenus au poste depuis trois heures, ce n'est pas une vérification d'identité puisqu'ils étaient tous en possession d'une pièce valide et qu'ils vous ont informés eux-mêmes de la raison de leur présence. Donc, ils sont forcément en garde à vue. J'arrive...

Quelques minutes plus tard, un autre gradé me téléphone.

– Ce n'est pas la peine de vous déplacer, on les a relâchés.

– Attendez, vous les avez retenus trois heures sans

motif. C'est un préjudice pour ma société et surtout pour eux-mêmes, alors que ce sont eux qui vous ont contactés.

– Non, mais ne vous inquiétez pas, je vais arranger ça avec les gens de la DST.

– La DST ? Dois-je comprendre que nous avions la même cible ?

– Oui, ils reprendront contact avec vous.

Le lendemain en effet, je reçois un coup de fil très aimable d'un certain Patrick Guiez, commandant de police à la direction de la surveillance du territoire. Plus qu'affable, il en fait même un peu trop.

– J'aimerais beaucoup vous rencontrer. Où vous voulez, ça me ferait plaisir de me déplacer.

Je lui donne rendez-vous à l'Hôtel Napoléon, avenue de Friedland. Ce choix n'est pas anodin, je connais les lieux. J'imagine que je vais me faire photographier par les services de renseignements français et j'ai la prétention de repérer le dispositif. Je préviens un ami qui surveille l'extérieur et doit m'informer en temps réel en cas de mouvement suspect.

Mon interlocuteur est un quadragénaire un peu chauve, petites lunettes à montures argentées, costume sobre, extrêmement souriant.

Au bout d'un moment, après les présentations d'usage, il m'explique qu'il travaille dans la cellule de surveillance des entreprises d'intelligence économique :

– Ce qui m'intéresse dans vos activités, c'est Kroll. Cette société fait partie de nos priorités. Pour la DST, qui doit remplir une mission de protection du territoire et des intérêts économiques français, il est extrêmement important de connaître les sujets qu'une société américaine d'intelligence économique est amenée à traiter.

Nous nous quittons sur la promesse de nous téléphoner dans deux semaines. Je ne le fais pas. Je suis partagé entre la fierté de continuer à servir l'intérêt national et la crainte de voir ce service de police si particulier mettre la main sur Iris. Mais Guiez me rappelle. Le ton se fait cette fois plus pressant. Nous nous rencontrons à nouveau, au même endroit, mais cette fois-ci c'est lui qui a choisi le jour et l'heure. Le ton est aussi plus directif.

– Ce n'est pas très sympa de ne pas m'avoir prévenu. Kroll vous a pourtant confié une autre mission...

– Je vois que les nouvelles circulent vite.

Patrick Guiez reste courtois, mais il me fait comprendre qu'il connaît tout de moi lorsqu'il me déroule mon CV, mes vingt-deux ans de carrière dans la gendarmerie, ma démission... D'anciens membres des services secrets m'apprendront plus tard que tout nouveau contact DST est placé sous écoute administrative pendant quelques semaines, par simple souci de contrôle. Ce jour-là, Guiez, sans être particulièrement menaçant, me laisse entendre qu'il pourrait facilement m'empêcher de travailler. Je comprends que je suis désormais totalement entre les mains de la DST, qui peut me rayer de la carte du jour au lendemain.

J'exerce alors en qualité d'agent privé de recherche (APR), bien que j'aie quitté la gendarmerie nationale depuis moins de cinq ans, délai minimum exigé par la loi Sarkozy de 2003, même si les décrets d'application n'en sont pas encore passés. Je n'ai donc pas d'habilitation auprès de la préfecture. Seul Jean-Marie King, le gérant d'Iris Consultants, en détient une. Mais pouvais-je laisser passer la proposition de Kroll, le leader de l'intelligence économique ? C'est une opportunité extraordinaire pour un gendarme ou un policier en cours de reconversion, quand on sait que beaucoup se recyclent dans les métiers de la sécurité, comme enquêteurs privés, ou dans les entreprises d'APR. La majorité de ces petites sociétés indépendantes se sont positionnées dans le secteur de la recherche d'informations touchant au secteur économique. Pour cela, le meilleur atout de ces anciens représentants de l'ordre reste les relations qu'ils se sont constituées lorsqu'ils étaient en activité. Il leur est par exemple très facile d'avoir accès aux fichiers détenus par l'administration ou par les opérateurs téléphoniques et les banques. Renseignements qu'il est tout à fait illégal de détenir ou de divulguer. Ces anciens policiers ou gendarmes sont les fantassins idéaux des entreprises d'intelligence économique, qui, elles, ne mettent pas les mains dans le cambouis mais fondent largement leur expertise sur l'accès à ces réseaux. Un système certes réprimé par les textes mais aussi ancien que la police judiciaire.

La DST, chargée spécifiquement de surveiller le secteur du renseignement privé, connaît parfaitement ce contexte et pourrait me sanctionner à sa guise. Mais Guiez se veut rassurant :

– Patrick, on ne veut pas vous inquiéter. Ce qui nous intéresse, c'est Kroll. Nous voulons connaître tous les renseignements que vous allez pouvoir collationner à leur service. Les missions qu'ils vous confient, les gens qui y travaillent, leurs noms, leurs adresses, leurs e-mails, leurs téléphones...

– OK, je reviendrai vers vous.

– Je compte sur vous, cette fois.

Je sais désormais qu'il ne va pas me lâcher. Au bout d'une semaine et demie, c'est moi qui le rappelle. Je lui donne quelques informations, numéros de portables ou adresses d'employés de Kroll. Rien que de très banal, mais Patrick Guiez semble très content, ce qui me surprend :

– En fait, vous aviez déjà ces renseignements, non ? Pourquoi me les demander alors ?

– C'est bien, on vérifie, on croise, il nous manque parfois un détail. Non, non, ça me plaît beaucoup. Mais, dites-moi, vous ne faites des filatures que pour Kroll. Pourquoi ne pas vous lancer aussi dans l'intelligence économique ? Ou plutôt dans l'intelligence égotique, comme on l'a baptisée chez nous... car les analystes veulent tous se mettre en valeur et se faire passer pour des agents du renseignement alors qu'ils ne font que croiser des infos.

– Mais je n'y connais rien, en quoi consiste au juste l'intelligence économique ?

– Ce n'est pas si difficile. Il suffit de recueillir un maximum de renseignements sur quelqu'un ou sur une entreprise. C'est parfois vital lors d'un rachat ou d'une prise de participation.

– Attendez, il me faudrait de nombreux contacts pour ça.

– Mais vous croyez qu'on fait quoi ici ? Vous ne pensez quand même pas que les ordinateurs de la DST sont vides ? Voilà ce que je vous propose. Vous nous informez des missions qu'on vous confie, je vous aide à recueillir le renseignement. Kroll ne pourra que s'en féliciter et cela contribuera au développement d'un nouveau secteur d'activité pour votre société.

Hervé Zany, que je connais depuis mon passage à l'ESP, est devenu directeur de la division française de Kroll après en avoir longtemps été le directeur adjoint. Nos relations sont excellentes et j'arrive à le convaincre de me confier l'environnement d'un homme d'affaires. Cela consiste à compiler tous les renseignements d'ordre personnel et professionnel concernant une personne donnée (vérification de son identité, de ses adresses, de ses antécédents police, identification de ses véhicules...). Il faut pour cela avoir un accès à certains fichiers centraux détenus par l'administration auxquels seuls certains fonctionnaires ou militaires peuvent prétendre. La base de l'intelligence économique. J'aurais pu mener à bien cette mission, facturée environ 500 euros, en quelques jours, en appelant quelques anciens collègues et en vérifiant quelques infos. Mais un seul coup de fil et tout est réglé. Je suis ravi. La DST est satisfaite de savoir sur qui enquête Kroll. Et Kroll obtient des renseignements fiables (la confiance totale ne viendra bien sûr qu'à l'usage puisque je ne livre pas mes sources).

Je trouve mon compte dans ce contrat oral dont, rapidement, Patrick Guiez affine les termes :

– Nous voulons connaître absolument toutes vos missions et les noms des personnes sur lesquelles vous enquêtez. Nous vous donnerons en échange tout ce qu'il est possible de vous donner. Vous restez par ailleurs tout à fait libre de chercher par vous-même ou de croiser ces informations avec vos anciens collègues gendarmes ou vos autres contacts.

– OK, mais que risquent-ils à me donner ces renseignements ?

– Tout ce qu'on vous demande, c'est de nous les identifier pour qu'on puisse vous prévenir et les sortir de la procédure si besoin est. De toute façon, ne vous inquiétez pas, on vous couvre. Si jamais il vous arrive quelque chose, vous aurez une bonne surprise, et eux aussi.

Le marché est très clair. En échange de mes contacts et des noms de tous les individus sur lesquels j'enquête, j'obtiens immédiatement des identifications de véhicules, des comptes bancaires, des environnements DST très complets avec un historique hyper-détaillé. La crédibilité est totale vis-à-vis du client. Je reçois ces renseignements sur des notes blanches ou par téléphone. Les informations se suivent, brutes, sans qu'on puisse jamais en identifier la provenance.

C'est ainsi qu'Iris Consultants, créée pour mettre en œuvre filatures et surveillances, entre dans le monde du renseignement économique où, grâce à la DST, elle va devenir rapidement très crédible. Bien sûr, sans être un spécialiste du code pénal, je sais que ce recueil d'informations protégées est illégal et que l'article 226-21 condamne de cinq ans d'emprisonnement et de 300 000 euros d'amende « le fait, par toute personne détentrice de données à caractère personnel à l'occasion de leur enregistrement, de leur classement, de leur transmission ou de toute autre forme de traitement, de détourner ces informations de leur finalité telle que définie par la disposition législative, l'acte réglementaire ou la décision de la

Commission nationale de l'informatique et des libertés autorisant le traitement automatisé, ou par les déclarations préalables à la mise en œuvre de ce traitement. » Je sais aussi que l'article 226-13 punit d'un an d'emprisonnement et de 15 000 euros d'amende « la révélation d'une information à caractère secret par une personne qui en est dépositaire soit par état ou par profession, soit en raison d'une fonction ou d'une mission temporaire. »

Mais la DST va très vite me convaincre que, défenseur des intérêts supérieurs de la nation, je ne risque rien. Patrick Guiez n'a que faire de mes états d'âme :

– Mais enfin, Patrick, il s'agit de la DST quand même. Nous faisons partie d'un ministère. On se voit ou je vous rappelle, mais si je vous dis que nos conversations resteront confidentielles, c'est qu'elles le seront ! Et si j'affirme que vous ne risquez rien, c'est que vous ne risquez rien !

D'après lui, il serait même le seul, avec son supérieur hiérarchique et le directeur de la DST, à connaître mon identité réelle, selon une procédure classique de ce service. Je n'hésite donc pas à renouer avec mes anciens contacts et collègues devenus agents privés de recherche et à les identifier, comme convenu, auprès de la DST.

Pour ma part, je ne me contente pas de l'informer de mes seuls contacts Kroll. Je prends en effet ma mission au sérieux. C'est ainsi que je fournis également aux services français un manuscrit d'une trentaine de pages rédigé en chinois, qui m'a été remis fin 2004 par un journaliste indépendant de retour de Taïwan. Ce document semble concerner l'affaire des frégates de Taïwan si j'en juge par les mots en alphabet romain qui y figurent : FLEX 2000, FLEX 3000, PUJOL, GOMEZ et THOMSON, ainsi que des noms de banques européennes. Ce document comporte également un code-barres que mon interlocuteur me présente comme la marque d'un service de renseignement taïwanais. Un ami chinois à qui je demande de le traduire refuse : « Tout cela concerne la justice de mon pays, je ne veux pas en entendre parler. »

Je remets ce texte à la DST qui me félicite chaudement en m'expliquant qu'un texte similaire a circulé sur Internet pendant quelques jours. Peu de temps après, Patrick Guiez me demande de lui préciser à nouveau les circonstances dans lesquelles on m'a remis ce document. Puis, comme souvent, je n'en entendrai plus jamais parler.

Je ne ressens pourtant aucune frustration à commencer autant d'affaires sans en connaître forcément le dénouement. Mes actions servent des intérêts privés et publics. Chacun y trouve son compte. Moi-même, je n'étais pas analyste chez Kroll ou à la DST, même si, finalement, je me suis intéressé à l'intelligence économique, à la manière de recueillir le renseignement, et à la plus-value que cela pouvait générer pour les entreprises. Le désir d'action et d'indépendance qui avait guidé mes choix professionnels depuis vingt ans était pleinement assouvi.

Chapitre 2

Une vie de gendarme

Je suis entré en gendarmerie en 1981 et j'y suis resté jusqu'en 2002. Soit, avec mon année de service militaire, près de vingt-deux ans dans l'armée. À la sortie de l'école de gendarmerie, il fallait choisir son corps. Soit la gendarmerie départementale, où je pouvais envisager rapidement d'entrer en police judiciaire ; soit la gendarmerie mobile, qui assure une mission d'ordre public parfois éprouvante mais permet aussi aux jeunes engagés de partir outre-mer et, notamment, de toucher une meilleure solde ; soit la garde républicaine, dont le travail essentiel est d'assurer la représentation de l'État. Ce corps quelque peu méprisé, désigné dans notre jargon par « faire du caisson », même s'il assure aussi des missions de maintien de l'ordre, est logé en ville et permet de dégager du temps, par exemple pour tenter les concours d'officier.

Sûr de moi, j'ai choisi la départementale. Assez bien placé au concours de sortie, j'ai même pu décider du lieu où je serais affecté : Clichy-la-Garenne, dans les Hauts-de-Seine. Tout le monde m'a mis en garde : « T'es complètement dingue. » Mais j'allais me marier, ma future femme vivait en banlieue parisienne, je connaissais les lieux...

Une de mes tâches quotidiennes en unité était de maintenir à jour un fichier manuel détenu à Clichy, comme dans chaque unité territoriale, dans lequel on découvrait une multitude de renseignements sur les individus répertoriés. Il pouvait aussi bien s'agir d'auteurs de crimes ou de délits, de personnes recherchées que de victimes, de personnalités influentes de la commune ou de célèbres Clichois qui n'avaient rien à y faire. Un large panel donc, classé par ordre alphabétique et dont la présence, justifiée ou non dans nos tiroirs, faisait le bonheur d'anciens de la maison devenus enquêteurs privés pour les compagnies d'assurances. Comme s'ils étaient toujours de la maison, ils venaient éplucher ces fiches avec la bénédiction du commandant de brigade. Cela s'inscrivait dans les us et coutumes de la gendarmerie, une manière d'aider les retraités reconvertis.

Il suffisait d'avoir une résidence secondaire pour que l'unité du secteur vous recense et transmette cette seconde adresse à la brigade de votre lieu de domicile et de votre lieu de naissance. Sans omettre la liste de vos fréquentations sur place, ou bien même le comportement de vos enfants si ces derniers s'étaient fait remarquer.

Après mes trois ans de formation sur le terrain en brigade territoriale, je suis entré à ma demande en unité de recherche, en 1986. Mes vrais débuts d'enquêteur. J'ai alors été muté à la brigade de recherche de Courbevoie. C'était un coin que je connaissais bien : Puteaux, Courbevoie, Clichy, Colombes, Bois-Colombes, Asnières, Gennevilliers. Nous n'étions alors qu'une dizaine dans cette unité. Mais l'essentiel de la police judiciaire étant géré par la police, elle croule sous les affaires, malgré des effectifs largement supérieurs aux nôtres. Avec nos petits moyens, nous disposions donc parfois de plus de temps pour suivre une affaire ou enquêter sur des dossiers en apparence moins brûlants. Voilà qui explique d'ailleurs cette idée reçue selon laquelle la gendarmerie serait plus sérieuse que la police.

J'intègre ensuite la brigade de recherche départementale créée à Nanterre et qui regroupe la brigade de Sceaux et de Courbevoie. Nous sommes alors une vingtaine et on nous accorde une deuxième voiture banalisée, qui n'a de convaincant que ce nom. De couleur blanche, crème et même grise, emplacement de l'antenne visible au beau milieu du toit, carreaux parfaitement propres, vignettes correctement apposées, état général au-dessus de tout soupçon, ces véhicules brillent comme un sou neuf. Pas un papier qui traîne à l'intérieur, parce que c'est interdit. Difficile de faire moins discret. Elles restent donc au garage. Au moins seront-elles nickel le jour de l'inspection. Ce qui veut dire qu'on ne peut se passer du système D pour enquêter. Les planques se font avec nos véhicules personnels ou bien avec des voitures que nous prêtent des copains garagistes !

Mon quotidien, c'était cela. Mais c'était aussi les planques, les prises de vues compromettantes pour les dealers d'héroïne, les « filoches », les interpellations parfois très fermes aux premières lueurs de l'aube. Les portes qui « pètent », les cris, les individus sortis du lit avec détermination, hébétés, les mains entravées dans le dos, dans le plus simple appareil, placés en garde à vue, entendus, qui se confient, qui insultent, qui pleurent parfois, qui aimeraient tant que cette héroïne ou que cette arme découverte n'aient jamais existé.

Nous sommes à l'âge d'or de la compétition absurde entre police et gendarmerie dont seuls les voyous sortent vainqueurs. Même si, sur le terrain, nos collègues policiers nous soutiennent et pratiquent souvent l'échange de bons procédés, on recommande à nos supérieurs de ne pas collaborer avec les fonctionnaires de police. Il est vrai que le législateur commence à prendre conscience de l'importance croissante de cette mission de police judiciaire en gendarmerie, qui ne représentait que 35 % de son activité au moment de ma formation. Désormais, c'est toute la gendarmerie départementale qui est concernée. Progressivement, du matériel supplémentaire nous est alloué et les hommes sont formés de façon spécifique. Je suivrai moi-même une spécialisation de police technique qui me permettra, pendant plusieurs semaines, de parfaire mes connaissances en matière de police judiciaire. Je m'épanouis dans ces fonctions. Quant à la vie en banlieue parisienne, elle est celle que j'ai toujours connue. Je sais que ce n'est pas le cas de tous les gendarmes, mais ce quotidien me convient parfaitement et je ne demanderai jamais de mutation. Comme mes supérieurs sont satisfaits de mon travail, je passerai donc toute ma carrière en brigade départementale dans les Hauts-de-Seine.

Il faut savoir que les unités de police judiciaire se distinguent du reste de la gendarmerie. Elles sont commandées par des officiers et sous-officiers qui disposent souvent de plus de moyens et de liberté que dans d'autres unités, ont choisi de ne pas se laisser porter par la vague de l'avancement automatique et veulent se battre sur le terrain, arrêter du voyou, au risque de ne pas connaître une carrière tout à fait rectiligne. Il faut composer, se débrouiller, se confronter à des personnages qui n'ont que faire des procédures. Face à l'absence de moyens et devant l'immensité de la tâche à accomplir, il faut faire preuve d'imagination, s'affranchir souvent des exigences en vigueur dans l'armée et, parfois, flirter avec l'illégalité.

C'est en police judiciaire que j'ai découvert les nécessaires aménagements du code de procédure pénale exigés par la recherche de l'efficacité. Même si la loi s'est adaptée au travail des enquêteurs, elle reste encore très éloignée des réalités du terrain et l'on constate un décalage permanent entre les prescriptions du législateur et la réalité.

Autre évidence, la délinquance ne connaît pas les frontières administratives. Or, pour collationner le renseignement, nous devions fréquemment quitter notre zone légale d'intervention. C'est souvent dans les bars de la porte de la Chapelle ou de la place Clichy qu'il nous fallait rencontrer nos indics. Impossible, évidemment, d'y aller en uniforme (ce qui nécessitait une demande de tenue civile signée par notre supérieur !), le cheveu court (l'obsession de la hiérarchie) et le menton bien rasé. Déjà, en nous rendant sur place, nous contrevenions à la procédure et prenions un risque énorme. Ne serait-ce qu'en cas d'accident de la circulation. Nous n'avions en effet rien à faire à Paris mais devions y entrer fréquemment, y compris pour des interpellations. Je me souviens par exemple d'un proxénète dénoncé par une prostituée qui habitait Courbevoie. Nous l'avons finalement serré près de la Porte Maillot, côté Paris donc. Que fallait-il faire, l'interpeller à sa sortie de chez la fille, qu'il aurait ainsi identifiée comme sa délatrice ? Ou bien le laisser faire quelques kilomètres de plus, courir le risque qu'il nous échappe ? Nous choisissions évidemment le plus souvent la deuxième solution, tout en ayant parfaitement conscience que nos actes nous exposaient pénalement.

Je me suis toujours insurgé contre l'idée qu'à force de côtoyer des délinquants, flics ou gendarmes finissaient par devenir ripoux, mais au regard des risques encourus lorsqu'on est enquêteur de police judiciaire, je considère que les petits aménagements nécessaires à l'accomplissement de notre fonction sont relatifs. Je ne remets pas en question la force et la nécessité de la loi. Elle est indispensable en démocratie et doit s'appliquer à tous. Mais, je le répète, la lenteur avec laquelle elle s'est adaptée aux exigences du métier d'enquêteur en police judiciaire et au métier d'agent privé de recherche oblige même les plus honnêtes à commettre des infractions, minimes par rapport aux enjeux, mais susceptibles de leur être reprochées un jour.

Ce constat est d'autant plus évident pour moi que j'ai fait toute ma carrière, depuis Clichy-la-Garenne, dans un milieu social peu favorisé, et que j'ai travaillé presque d'emblée sur le trafic de stupéfiants. C'est là que les méthodes adéquates pour obtenir des résultats se sont imposées à moi. J'ai commencé à travailler en civil alors que cette pratique était encore balbutiante. J'ai dû prendre ma voiture personnelle pour planquer. J'ai protégé mes indics, quitte à demander à des collègues de fermer les yeux sur une procédure en cours. Et surtout, j'ai appris à rendre cette petite cuisine illégale acceptable par des magistrats qui ne veulent pas savoir ce qui se passe sur le terrain. Des résultats et des rapports bien proprets, c'est tout ce qui compte pour eux. Ils ne sont pas dupes de la manière dont on obtient des arrestations ou des preuves de culpabilité mais ne veulent pas de traces. L'affaire qui arrive sur leur bureau doit apparaître, au moins sur le papier, en parfait accord avec le code de procédure pénale. Qu'importe la façon dont tout cela a réellement été obtenu. Il est par exemple évident qu'aucun enquêteur n'appelle plus jamais un procureur ou son substitut lorsqu'il soupçonne un trafic de stupéfiants dans une cité afin de lui demander une commission rogatoire pour enquêter et intervenir. C'est impossible, les procureurs passeraient leur temps à répondre au téléphone. Si bien que sur le terrain, l'enquêteur constate, enquête, interpelle, rend compte et, à la fin de l'affaire, emballe le tout dans un beau paquet de procédure bien ficelée.

À Clichy-la-Garenne, j'étais arrivé avec l'un de mes meilleurs indics à une situation de confiance relative. J'aurais pu me montrer bête et discipliné et le coincer à tout moment parce que je le savais accro à l'héroïne. Le code pénal stipule bien sûr que l'utilisation de stupéfiants est prohibée. Je préférais essayer de savoir qui lui vendait l'héroïne, des renseignements autrement plus utiles à la population locale puisqu'il n'était bien évidemment pas le seul toxicomane de la cité. Devais-je arrêter cet homme lorsqu'il cassait des voitures pour braquer des autoradios et se payer sa dope ou bien fermer les yeux, contrevenir à ma mission première, mais tenter de stopper un trafic de drogue ?

J'étais devenu assez proche de lui pour qu'à chaque fois qu'il changeait de fournisseur d'héroïne, il me livre le précédent. Le fournisseur pouvait n'être qu'un consommateur en possession de quelques doses ou un dealer abstinent qui, lui, nous permettait de remonter la filière.

En matière de stups on s'arrêtait en général aux demi-grossistes ou aux grossistes. Il faut savoir qu'un demi-grossiste peut se trouver en possession de 400 ou 500 grammes d'héroïne coupée. Ce qui représentait plusieurs centaines de milliers de francs et une menace considérable pour la société en termes d'empoisonnement puisqu'il pouvait ainsi dealer des milliers de doses dont chacune (coupée une nouvelle fois avec du lactose, du Manicol ou d'autres solvants) se négociait à près de 1 000 francs (150 euros) le quart de gramme.

Mon indic se faisait serrer régulièrement à Paris, où il se fournissait, notamment dans le XVIIe, au métro La Fourche, où le trafic allait bon train à l'époque. À maintes reprises, il m'a téléphoné pour que je le tire de là. Il faut bien comprendre que, comme tous les camés, il était capable de voler une voiture pour la revendre aussitôt et s'acheter une dose. Mais je tentais à chaque fois de lui éviter une incarcération en intercédant auprès du procureur. Je partais à 2 ou 3 heures du matin, rassurais sa femme qui se désespérait et je faisais le tour des commissariats pour essayer de le récupérer. Ce mec prenait des risques pour me balancer ses dealers dans une démarche désespérée pour essayer de s'en sortir. Je me devais de l'aider. Comme cet autre qui laissait trop longtemps son bar ouvert la nuit, ou celui qui organisait des jeux clandestins dans son établissement à l'aide de flippers truqués ou de machines à sous qui ne payaient pas qu'en chewing-gums.

De la même façon, quand un collègue me sollicitait parce que j'avais serré l'un de ses tontons pour un trafic de quelques « cocottes » d'héroïne, alors qu'il était sur le point de démanteler un réseau de proxénétisme, je lui rendais ce service sans me faire prier. Même si je ne le connaissais pas personnellement.

Mais je n'étais pas complètement naïf et je ne protégeais pas tout le monde. Je choisissais ceux avec lesquels je voulais nouer des relations approfondies. Dans ce métier, l'une des règles de base est de ne jamais oublier que les gens qui vous renseignent y trouvent toujours un intérêt. Du type qui en a marre de voir des dealers en bas de chez lui et veut qu'on lui nettoie son pas-de-porte aux dealers qui veulent obtenir une protection. Je n'ai jamais protégé un revendeur. Une question de principe. En revanche, lorsque j'avais décidé de protéger un indic, j'allais jusqu'au bout de ce que je pouvais faire. Par exemple, lorsque mon toxicomane préféré est allé jusqu'à frapper un officier de police (7 jours d'ITT), je me suis abstenu d'intervenir.

Ainsi va la police judiciaire. Le jour où les écoutes téléphoniques et les balises planquées sous les bagnoles auront pris le pas sur les rapports humains, ce travail deviendra très difficile. Ces relations de confiance avec un indic m'ont d'ailleurs valu, à mon service et à moi-même, les félicitations de la haute hiérarchie.

Peu après les attentats du 11 septembre 2001, il est venu me voir pour me signaler que, dans une cité de Puteaux, des musulmans très pratiquants faisaient preuve d'un prosélytisme démonstratif, célébrant la destruction des Twin Towers et Ben Laden. Selon lui, ils détiendraient des armes à leur domicile. Renseignements pris, la plupart d'entre eux faisaient l'objet d'une fiche DST les identifiant formellement comme des individus à surveiller, certains étaient même interdits de territoire français. Bien évidemment, j'ai fait part de ces renseignements à ma hiérarchie mais j'ai refusé obstinément d'identifier auprès de mes supérieurs mon correspondant, qui n'acceptera de rencontrer la DNAT qu'en ma compagnie. L'arrestation des suspects, le 14 septembre, ne pourra néanmoins les confondre, des journalistes ayant entrepris des repérages audiovisuels la veille, aux abords de leur domicile !

Chapitre 3

Chambourcy, oh non !

En février 2001, un très bon indicateur de notre service nous alerte sur des évasions fiscales organisées par un couple des Yvelines, les époux Aignan. Cet homme, qui connaît bien la délinquance parisienne en col blanc, nous précise que ce couple a créé des sociétés écran dans les Hauts-de-Seine, liquidées ensuite faute d'activité. Certaines ne posséderaient même pas de compte bancaire. Quant au couple Aignan, il se rendrait régulièrement au Luxembourg avec des valises de billets et mènerait grand train dans sa magnifique résidence de Chambourcy où il entretient des relations ostentatoires avec tout le milieu politico-judiciaire des Yvelines. Notre indicateur insiste lourdement, expliquant même que le bateau à moteur du couple, amarré dans le sud-est de la France, a explosé. Escroquerie à l'assurance ou représailles ? Voilà qui ne sent pas très bon en tout cas.

Mon chef de groupe explique d'abord à cet indicateur que les faits ne relèvent pas de notre juridiction et que nous ne pouvons rien faire. Mais, devant son insistance, nous procédons à des vérifications auprès du service des impôts des Yvelines et du registre du commerce des Hauts-de-Seine. Il s'avère que les sociétés mises en cause n'ont en effet jamais généré de chiffre d'affaires mais qu'une Mercedes est immatriculée au nom de l'une d'entre elles. Les services des impôts, qui soupçonnent des fraudes, n'ont jamais réussi à les pincer. Par ailleurs, je découvre que de nombreuses réceptions ont lieu dans la maison des Aignan.

Notre indicateur nous alerte sur un prochain voyage au Luxembourg. Il devient maintenant possible pour les douanes de les coincer. Devant l'insistance de notre informateur, après avoir prévenu les douanes et les impôts, nous profitons d'une mission sur commission rogatoire dans les Yvelines, à propos d'une autre affaire, pour prendre rendez-vous avec le couple Aignan.

Surprise, quand nous arrivons, ce sont des policiers en tenue de la BAC 78 qui nous accueillent et vérifient notre identité. La même situation se reproduit quelques minutes plus tard avec des hommes de la gendarmerie de Saint-Germain-en-Laye, dissimulés dans la maison des Aignan.

– J'avais seulement peur que vous soyez de faux gendarmes, m'explique M. Aignan.

Je lui pose quelques questions, notamment sur les sociétés immatriculées dans les Hauts-de-Seine. Son épouse assiste à l'interrogatoire. Je me souviens d'une phrase de notre indic : « Elle a ruiné un notaire en Allemagne. » Je ressens un vrai malaise. Les époux se jettent des regards à la dérobée. La femme reste debout, tourne sans cesse dans la pièce. Lui n'arrête pas de se frotter les mains. Je demande des pièces, comme les inscriptions au registre de commerce. Quelques jours plus tard, je reçois les documents demandés avec un mot manuscrit de M. Aignan qui précise qu'effectivement ses sociétés n'ont pas de comptes bancaires. C'est une affaire qui concerne les services fiscaux et les douanes...

Mais elle ne s'arrête pas là. Je reçois bientôt un coup de fil d'un de mes anciens collègues, devenu commandant en second de la section de recherche de Versailles :

– Patrick, vous allez être emmerdés avec cette affaire. Le procureur de la République veut qu'on enquête sur vous. Vous êtes soupçonnés, toi et ton collègue, d'avoir voulu extorquer 100 000 francs à ce couple.

Nous rencontrons immédiatement notre chef de service et lui demandons d'être entendus par la section de recherche de Versailles devant laquelle je tente de m'expliquer.

– Les gars, revenez sur terre. J'ai dix-huit ans de brigade de recherche derrière moi et de bons états de service. Vous croyez vraiment que je risquerais tout ça pour 50 000 francs ?

En guise de réponse, l'affaire ira devant un juge d'instruction et je ferai quinze jours de détention préventive. Mon collègue, présent lors de tous les contacts, ne sera pas inquiété car j'ai pris la responsabilité de l'affaire.

Le jour du procès, la présidente du tribunal n'est manifestement pas dupe de ce qui s'est passé et ne cache pas son agacement. D'autant que M. Aignan s'enflamme :

– J'ai téléphoné à la personne qui s'occupe de mon dossier aux impôts. Elle m'a répondu qu'il était très bien là où il était, au fond de son coffre.

– Monsieur Aignan peut-il répéter ce qu'il vient de dire, tente mon avocat.

– Monsieur Aignan, ça suffit, coupe la présidente.

J'écope finalement d'un mois avec sursis car, selon le code de procédure pénale, je n'aurais pas dû me rendre dans ce village des Yvelines et l'on doit justifier de mes quinze jours de détention. Je suis alors tenté de quitter la gendarmerie. Car je sens que ma hiérarchie souhaite avant tout éviter les ennuis. Personne ne veut faire de vagues. J'apprends par la suite qu'un homme politique, ferait parfois garder ses enfants dans la villa du couple Aignan par un policier municipal, en l'absence des propriétaires. Par ailleurs, le compte rendu destiné au colonel commandant de groupement des Hauts-de-Seine, que j'ai établi le 16 octobre 2001, fait apparaître qu'un policier municipal travaillerait également au noir à l'entretien de la maison des Aignan, s'occupant notamment de jardinage.

Le comble, c'est que les époux Aignan et le parquet feront appel du jugement. Un an plus tard, à la suite d'une nouvelle version des faits de notre indicateur qui avoue avoir penser accepter de l'argent, ma peine sera portée à un an de prison avec sursis. Je paie pour avoir cru cet indic. Je suis fou de rage. Mais j'ai déjà démissionné de la gendarmerie. Ma vie est ailleurs.

Chapitre 4

Dépoussiérages d'été chez Vivendi

J'ai quitté la gendarmerie alors qu'en interne, et malgré mon affaire, je ne faisais l'objet d'aucune sanction. Pas même une mutation ou un blâme. Rien. L'ironie du sort, c'est que cette année-là, j'ai reçu les meilleures notes qu'on puisse obtenir dans la gendarmerie, ce qui démontre bien qu'on me considère comme innocent.

Pour ma part, je n'ai impliqué personne dans mon affaire, ni les collègues des impôts ou des douanes qui m'avaient renseigné, ni même mes supérieurs ou mes camarades de brigade, informés de toute l'affaire. Je n'avais pas envie de faire tomber les autres alors que j'avais moi-même été suspecté à tort. J'avais pris des risques, je les assumais. Je n'avais rien à faire en effet dans les Yvelines.

Et puis, je commençais à en avoir un peu assez de la gendarmerie. Depuis quelque temps, il m'arrivait de m'endormir en planque. Mauvais signe. Je me réveillais en sursaut, sans savoir quelle heure il était et si j'avais laissé filer le suspect… Je commençais à être envahi par une grande lassitude qui aurait pu nuire à mon travail et à la vie du service.

J'ai donc décidé de faire valoir mes droits à la retraite. J'avais alors quarante-deux ans. J'ignorais ce que serait mon futur mais j'étais sûr d'une chose : avec 1 074 euros de retraite mensuelle, je devais nécessairement travailler pour faire vivre ma famille. Restait à trouver un métier dans mes cordes.

En juillet 2002, on me propose une place de directeur d'exploitation dans une société de sécurité, l'ESP (Européenne de sécurité privée). L'ESP est alors dirigée par Luc Cottenet, l'ancien garde du corps de Jean-René Fourtou, qu'il avait protégé lorsqu'il était P-DG de Rhône-Poulenc après l'assassinat de Georges Besse, patron de Renault, et les menaces d'Action directe contre le patronat français. Un mètre quatre-vingt-cinq, blond, la moustache avantageuse, ce séducteur dégage une grande assurance et se sort de toutes les situations avec bagou. Lorsque je lui propose de réaliser des audits sur la sécurité dans les entreprises pour gagner des marchés, il n'hésite pas un instant alors que l'ESP n'a aucune expérience dans le domaine et me charge du dossier. Dès le lendemain, il est dans le bureau de Fourtou, désormais à la tête de Vivendi, pour lui faire une proposition.

L'essentiel de l'activité de l'ESP consiste alors à mettre à la disposition des grands patrons des chauffeurs capables de les accompagner dans leurs déplacements mais aussi d'assurer leur protection rapprochée.

Très rapidement, je découvre que ces services concernent un groupe de dirigeants très proches les uns des autres : Igor Landeau (Aventis), Jean-René Fourtou, Jean-Pierre Tirouflet (Rhodia), Xavier Couture (Canal +), Claude Bébéar (Axa). Dès qu'une demande particulière parvient à l'ESP, je m'occupe de fournir le matériel et les hommes adéquats. Il y faut un peu de subtilité car ces requêtes ne concernent pas seulement les P-DG. Il pouvait s'agir aussi de la fille ou de l'épouse de l'un d'entre eux, qui souhaitait par exemple faire du shopping dans Paris en toute sécurité. Les factures étaient bien évidemment toujours adressées aux sociétés, au titre de la protection des patrons, et jamais à leur nom propre.

En fait, toute l'activité de l'ESP est dépendante des relations amicales que Luc Cottenet a nouées avec Jean-René Fourtou. Ce qui lui permet de se rémunérer très largement ainsi que son épouse ; son frère est également employé de la société qui comptait en outre un cadre et une comptable.

En tant que directeur opérationnel, je tente rapidement de définir la politique commerciale de l'entreprise. Afin d'augmenter son chiffre d'affaires et de diversifier ses sources de revenus. Le réseau quasi captif de Luc Cottenet ne peut suffire à mes yeux. Ces audits sur la sécurité des entreprises me paraissent un bon angle d'attaque. D'autant que l'ESP intervient déjà régulièrement dans plusieurs sociétés pour des dépoussiérages.

Ce terme un peu barbare désigne la détection des micros espions à l'intérieur de bureaux ou de salles de conférences. Aujourd'hui, cette pratique est devenue beaucoup plus rapide depuis l'apparition d'appareils électroniques très performants.

Les micros peuvent être cachés dans une plinthe ou une prise électrique, dans des pieds de chaise, sous les tables ou même dans le châssis d'un ordinateur.

Deux possibilités : ou le micro est en marche en permanence et émet un champ magnétique détectable facilement, ou il est éteint, activé à distance par un signal, ou lors de la mise en route d'un ordinateur. À l'époque, nous disposions d'une sorte de scanner qui détectait les sources magnétiques. Une technique fiable, mais pas infaillible. Je me souviens par exemple que lors d'un dépoussiérage près d'une ambassade, un lieu où sont émis de nombreux champs magnétiques et de nombreuses ondes, notre scanner n'arrêtait pas de sonner.

Pendant mes quelques mois chez l'ESP, ma chasse aux micros s'est toujours révélée infructueuse. À une exception : chez Vivendi, dans la tourmente qui suivait le départ de Jean-Marie Messier, j'ai été saisi par le doute en démontant une prise électrique. Après avoir respecté la procédure (photos, avant et après la dépose), j'ai remis l'appareil que j'avais récupéré au directeur de la sécurité, à charge pour lui d'avertir les RG ou la police. L'affaire en est restée là, on nous a expliqué qu'il s'agissait d'une prise un peu sophistiquée. Je ne suis pas électricien mais pas idiot non plus. Cet appareil semblait pour le moins incongru sur une prise électrique. Je pense plutôt que Vivendi, en pleine crise, souhaitait éviter que des micros espions ne provoquent une paranoïa générale chez ses salariés.

Un dépoussiérage comportait plusieurs phases. Tout d'abord, balayage des différentes fréquences avec ce scanner. Ensuite, démontage des prises de courant, et inspection de tous les murs. C'était assez long, jamais moins d'une heure et demie et parfois plus de trois heures par pièce, selon le métrage. Les alentours étaient également passés au peigne fin. Nous vérifiions aussi le bon fonctionnement des broyeurs à papier et incitions les salariés à les utiliser au lieu de jeter leurs documents à la poubelle. Si le message passait bien auprès des salariés, je dois avouer que les trois quarts des membres des conseils d'administration s'en moquaient complètement, jetant leurs papiers n'importe où, laissant traîner post-it et dossiers confidentiels. Certaines entreprises d'intelligence économique se sont ainsi fait une spécialité de la récupération dans les poubelles : c'est ce que l'on appelle le black-forest.

Chez l'ESP, je faisais les dépoussiérages sous la responsabilité de Dominique, le frère de Luc Cottenet. Nous y passions souvent nos nuits. Pour ce travail supplémentaire, nous touchions 200 euros. J'ai appris par la suite que Luc Cottenet facturait le dépoussiérage d'une dizaine de bureaux et d'une salle de réunion chez Vivendi plusieurs dizaines de milliers d'euros.

Sachant que le matériel était amorti depuis longtemps, la marge n'était pas mauvaise.

D'une manière générale, j'ai pu constater à cette occasion à quel point les entreprises françaises étaient mal informées des questions de sécurité. À part Dassault ou Air France, qui ont pris la mesure de ce qu'il faut faire, on est dans le règne du n'importe quoi. Depuis le haut de l'Arc de triomphe, avec un bon téléobjectif, on pouvait prendre en photo les documents que signait dans son bureau le P-DG de Vivendi, qui nous tournait le dos. J'en ai fait la démonstration pour prouver aux services de sécurité de la société que leur système de protection, en particulier leurs vitrages, était loin d'être à toute épreuve.

– Monsieur, il est interdit de photographier.
– Allez, c'est pour la sécurité de Vivendi.

Il m'a suffi de glisser quelques euros à un vigile.

Autre exemple : lors d'une mission pour Kroll, j'ai pu me rendre compte qu'une entreprise à forte notoriété, détentrice d'informations stratégiques, ne suivait pas les procédures les plus élémentaires pour assurer sa propre sécurité. Nous avions été saisis par le P-DG après la plainte d'un de ses cadres dont le disque dur avait été forcé et la carte WiFi dérobée. La société semblait très sécurisée, codes d'accès, caméras vidéo, etc. Mais j'y suis entré sans problème et j'ai pu accéder à tous les ordinateurs. Sans effraction bien sûr. Je suis arrivé à 5 h 30 du matin, dans un costume impeccable, et j'ai demandé très poliment au personnel de nettoyage de m'ouvrir. Comme dans la majorité des entreprises, les noms des personnes qui travaillent sont inscrits sur la porte, il m'était très facile de savoir chez qui j'entrais. À 8 heures, j'ai pu ouvrir le sac de courrier apporté par la poste. Je n'avais pas besoin de voler quoi que ce soit. J'avais le temps de consulter sur place tout ce que je voulais. N'y manquait même pas un document précieux sur l'évolution stratégique de mon client pour l'année suivante.

J'ai briefé le P-DG. Jamais les femmes de ménage n'avaient reçu de consignes. Les bureaux étaient ouverts. Je ne voyais pas pourquoi, dans ces conditions, on aurait voulu démonter le disque dur d'un PC allumé en permanence sans même un mot de passe. En fait, nous avons découvert que le cadre victime avait lui-même sorti des informations de la société et tenté de faire croire à un cambriolage.

Les dirigeants font souvent le contraire de ce que

leur recommandent les entreprises qu'ils payent pour leurs conseils. Les réflexes sécuritaires de base, éteindre son ordinateur, broyer ses papiers, fermer à clefs ses tiroirs de bureau, ne sont pas même appliqués dans les secteurs sensibles dont les dirigeants continuent de parler librement au restaurant sans se douter un instant que le personnel peut être payé pour écouter ce qu'ils disent. Sans parler des voyages. Dans une salle d'attente, dans un avion, il est habituel de parler avec ses collègues et d'ouvrir son portable sans précaution.

Autre exemple du manque de précaution face à l'espionnage industriel. Une majorité de grands décideurs descendaient dans les palaces parisiens. Quand on sait que les concierges, les standardistes, les responsables de la sécurité, les directeurs de ces hôtels sont constamment approchés par les services de renseignements français, étrangers et les sociétés d'intelligence économique !

L'une des premières missions que j'ai effectuées pour l'ESP a consisté en un audit de la sécurité chez Vivendi, à l'été 2002. J'étais certes au fait des procédures après vingt ans de gendarmerie, mais je n'avais jamais fait d'audit de ma vie. J'étais jeté dans le grand bain un mois après mon entrée dans le secteur privé.

Il m'a fallu rencontrer préalablement Jean-François Dubos, le secrétaire général de l'entreprise, en charge entre autres des questions sécuritaires. J'étais accompagné de Bernard Debrie, le responsable de la sécurité du groupe.

– Monsieur Dubos, je vous présente Monsieur Baptendier, de l'Européenne de Sécurité. C'est lui qui va organiser l'audit qu'a demandé M. Fourtou.

Mon interlocuteur me tend la main sans un mot et m'invite d'un geste à m'asseoir avant de me soumettre à un interrogatoire en règle :

– D'où venez-vous, parlez-moi de cet audit, savez-vous que j'en ai fait exécuter un par un service spécialisé de la Préfecture de police de Paris ?

Je réponds précisément à ses questions. Va pour l'audit. Jean-François Dubos m'accompagnera le jour même dans les différents services devant être audités. Il est vrai que je suis ici par la volonté de son tout nouveau Président.

Il me faudra ensuite deux mois et demi de travail intensif, beaucoup de logique et d'organisation. L'audit, très apprécié d'ailleurs, a révélé beaucoup de dysfonctionnements mais qui tenaient plus à la période que traversait Vivendi qu'à la défaillance du personnel de Securitas, l'entreprise chargée de ce secteur jusqu'à ce que l'ESP lui ravisse le marché. L'entreprise était en pleine crise et j'assistais à un incessant ballet de banquiers. Tandis qu'ils patientaient dans les couloirs, entre le cinquième et le sixième étage, ils parlaient boulot entre eux et révélaient bien des détails importants aux indiscrets.

J'ai découvert très vite que Luc Cottenet rendait des services personnalisés à Jean-René Fourtou et à Jean-François Dubos. Fourtou, arrivé dans la panique, voulait « faire l'environnement » de certains de ses collaborateurs. À commencer par Alain Marsaud, ancien juge antiterroriste entré chez Vivendi comme directeur de la prospective, ce qui incluait une cellule d'intelligence économique spécifique. Manifestement, Fourtou semblait se méfier de Marsaud. On nous a donc demandé de tout savoir sur lui et ses collaborateurs : relations politiques, amicales, résidences secondaires, appartenance éventuelle à la franc-maçonnerie, obédience, en particulier s'il s'agissait de la GLNF ou du Grand Orient. En juin 2007, j'ai d'ailleurs expliqué en détail à Alain Marsaud, alors président de la commission parlementaire chargée du contrôle des services de renseignements, les missions accomplies chez Vivendi, et notamment celles qui le visaient personnellement.

De son côté, Jean-François Dubos voulait savoir comment une journaliste du *Monde*, Martine Orange, obtenait les informations sensibles qu'elle publiait sur le groupe. Cette journaliste avait notamment contribué à la chute de Jean-Marie Messier lorsqu'elle avait pu prouver que le groupe Vivendi Universal était à court de trésorerie.

Notre enquête a pu établir, filatures et photos à l'appui, qu'un membre du service juridique du groupe lui remettait des documents. Il nous a suffi de deux ou trois jours pour identifier le coupable, qui donnait certains rendez-vous à son propre domicile, dans le XVIe, mais se montrait très prudent dans ses déplacements et semblait soucieux de ne pas être suivi. Il a été alors facile de le confondre en l'intoxicant avec des informations fausses ou tronquées parues ensuite dans le *Monde*. Ce cadre a évidemment quitté le groupe aussitôt.

L'ironie du sort, c'est que Jean-François Dubos lui-même était une de nos cibles. On nous avait chargés de comprendre comment cet ancien co-directeur du cabinet de Charles Hernu au ministère de la Défense, entré en 1991 à la Compagnie Générale des Eaux (future Vivendi) comme conseiller du Président Guy Dejouany, avait pu se maintenir à son poste en dépit du changements de direction et de l'arrivée de Messier. L'enquête comprenait également des demandes relatives à son intimité. J'ai refusé de donner suite à ces interrogations, les estimant sans rapport.

Ces enquêtes, très bien payées, ne figuraient évidemment pas comme telles dans la facturation de l'ESP où n'était mentionnée que la protection des personnes. Mais cela n'empêchait pas notre entreprise d'offrir des services très personnalisés.

Par exemple, Luc Cottenet devait protéger une amie de Jean-René Fourtou, surnommée « Chapeau » en raison de ses couvre-chefs fameux. Luc Cottenet surveillait parfois en personne cette femme haute en couleur, capable d'acheter trois téléviseurs dans une grande surface en les payant en liquide. Excentrique, elle appelait parfois l'ESP pour un trajet de 50 mètres en voiture, ou faisait le siège du secrétariat de la société. Selon mon patron, elle était capable d'organiser un parcours de golf dans la cage d'escalier de son immeuble pour faire plaisir à ses amis. Dans ces périodes déraisonnables, Chapeau mobilisait tout le personnel de notre société.

Voilà le genre de situations dont l'ESP avait la charge. Parfois dans un mélange complet entre sphère privée et intérêts de l'entreprise. Lorsque Fourtou, chez Rhône-Poulenc, invitait par exemple des amis au Grand Prix de Magny-Cours, leur sécurité était assurée aux frais de la société par l'ESP.

Après le départ de Jean-Marie Messier, à l'été 2002, l'ESP a assuré sa sécurité pendant quelques mois. Luc Cottenet a même réuni ses cadres et employés à ce sujet :

– Jean Marie Messier va nous rendre visite plus ou moins régulièrement pendant deux ou trois mois. Il ne va faire que de courts passages au sein de notre entreprise. Il souhaite passer discrètement quelques coups de fil, consulter sa boîte d'e-mails et envoyer des messages sur Internet. Je vous demande de rester le plus discret possible sur ce sujet. Et quand M. Messier sera présent, faites comme si vous ne le voyiez pas.

Imaginez la scène : Jean-Marie Messier, accompagné de deux de nos agents qui assuraient temporairement son transport et sa sécurité, apparaissait dans les couloirs du 86 boulevard Malesherbes, au siège de l'ESP, et s'installait dans le bureau de Nathalie Cottenet, gérante de la société. Il fallait feindre de ne pas le voir et vaquer à nos occupations sans lever le nez. Ne plus faire aucun bruit afin qu'il ne soit pas dérangé. Lorsque le téléphone sonnait, chacun se précipitait sur le combiné pour garantir la tranquillité de notre hôte. Il régnait alors dans ces locaux exigus une ambiance tendue, certains se demandant même s'ils devaient répondre au « bonjour » lancé par ce nouveau visiteur censé être transparent.

Nous avons fini par répondre à Jean-Marie Messier, qui continuait à nous saluer, timidement mais civiquement. À plusieurs reprises nous l'avons aidé à accéder à sa messagerie, car ce chantre des nouvelles technologies manquait de pratique.

Chapitre 5

Le côté obscur de la force

Jusqu'à ce que la DST me contacte, j'ignorais presque tout du monde de l'intelligence économique. Quand on m'a mis le pied à l'étrier, j'ai dû lire, écouter, apprendre. Sur les sites des entreprises spécialisées, empreints d'éthique et de transparence, on peut lire par exemple : « L'intelligence économique est l'ensemble des actions coordonnées de recherche, de traitement, de distribution et de protection de l'information obtenue légalement, utile aux acteurs économiques en vue de la mise en œuvre de leurs stratégies individuelles et collectives. »

Encore s'agit-il de l'une des définitions les plus simples qu'il m'ait été donné de lire ! On en trouve facilement une bonne vingtaine, toutes plus filandreuses les unes que les autres. Qui toutes justifient la surveillance légale par les entreprises de l'évolution de leur secteur d'activité, de leurs concurrents, de leurs fournisseurs. Qui toutes mettent en avant l'importance de réfléchir aux opportunités de développement. Autant de bonnes résolutions à l'heure de l'âpre guerre économique que se livrent les entreprises en pleine mondialisation. Protection des intérêts des entreprises, innovation… L'intelligence économique a en effet toute sa place dans ce contexte. Il paraît légitime que les pouvoirs publics s'y intéressent, notamment afin d'aider les PME-PMI, principaux employeurs français, mais qui n'ont pas forcément la surface financière suffisante pour se doter de cellules de veille économique. L'État a donc mis en place un haut responsable de l'intelligence économique auprès du Secrétariat général à la Défense nationale (SGDN) : Alain Juillet.

Il faut rappeler également que les missions de la DST comptent deux axes prioritaires : la lutte contre le terrorisme et la protection du patrimoine économique français, ce qui l'a conduite à s'intéresser (tardivement) à l'intelligence économique et à surveiller les entreprises, anglo-saxonnes surtout, spécialisées dans ce secteur et leaders du marché. La DST recherche à tout moment des informations sur les actions de déstabilisation des entreprises françaises, les stratégies de fusion-acquisition ou les menaces d'OPA hostiles, voire la fuite des brevets. Elle organise en outre au sein des grands groupes ou des sociétés qui en font la demande des réunions de sensibilisation. Le principe de base reste défensif : la DST est censée « lutter contre », mais ne pas « espionner » elle-même. Même credo chez les entreprises d'intelligence économique.

Tout semble donc parfaitement organisé.

Le hic, c'est que si les recherches informationnelles s'effectuent à 90 % sur des bases publiquement accessibles, si elles sont ensuite recoupées, analysées puis tenues à jour par des services internes à l'entreprise ou par des sociétés spécialisées, il n'en demeure pas moins qu'il faut souvent franchir la frontière de la légalité pour découvrir les fameux 10 % d'informations à plus forte plus-value. Et l'intelligence économique est un terme suffisamment vague pour que les comportements y soient parfois identiques à ceux du renseignement public.

J'en veux pour preuve la réaction d'Alain Juillet en pleine affaire Clearstream. Chargé depuis le 31 décembre 2003 d'organiser déontologiquement l'intelligence économique, cet ancien directeur du renseignement à la DGSE reçoit le 30 mars 2006 la visite des juges Jean-Marie d'Huy et Henri Pons. Et tranquillement, alors que ses bureaux sont perquisitionnés, il leur déclare avoir détruit au début de l'année un dossier concernant cette affaire. Dans une interview au *Monde* du 29 mai 2006, il assumera : « Lorsque j'ai vu arriver les deux juges et trois policiers, je leur ai dit : “Bonjour, si c'est pour l'affaire Clearstream, vous ne trouverez rien, j'ai détruit mon dossier.” » Et puis, plus loin : « À chaque fois que je conclus une enquête, je détruis mes notes, une feuille blanche ou un petit mémo. » À la question : « Si les juges vous convoquent, irez-vous au rendez-vous ? » sa réponse fuse sans état d'âme : « J'irai. Mais je ne parlerai pas beaucoup. »

En détruisant des notes qui pouvaient s'avérer intéressantes, ce garant républicain de l'intelligence économique ne coopère pas, c'est le moins que l'on puisse dire, à la manifestation de la vérité et anticipe son mutisme devant les juges, un mutisme qui semble relever du code de conduite des services de renseignements. Alors qu'il devrait rassurer tous les chefs d'entreprise effrayés par la parenté de l'intelligence économique et de l'espionnage industriel, le propre représentant de l'État en charge de l'IE affiche un comportement bien éloigné de la transparence et de la probité proclamées par les acteurs majeurs avec lesquels il est en contact permanent.

Si j'avais fait de même avec Magali Tabareau, la juge d'instruction saisie de mon affaire, je pense que je serais encore en prison !

Même constat pour deux syndicats d'agents privés de recherche dont les dirigeants sont à la tête d'agences tournées de plus en plus vers l'intelligence économique. Sur leurs sites Internet, les adhérents échangent des contacts sur les forums et discutent des prix.

Le 1er septembre 2005, deux APR, agents privés de recherche, Francis et Cédric, évoquent au téléphone un ancien des RG qui peut les aider : « C'est un mec qui habite Saint-Brieuc. Il contacte tout le monde sur la liste du SNARP [Syndicat national des agents de recherche privés], il a déjà contacté six mecs sur la liste du SNARP. Il peut avoir plein de trucs, il propose ses services... Je l'ai rencontré, plusieurs confrères l'ont rencontré, c'est un mec qui a cinquante-sept ans, il a pas mal de contacts et il veut gagner de la thune en prenant sa retraite, quoi. Il peut avoir plein de trucs : localisation téléphone, comptes bancaires, relevés bancaires, la totale quoi... »

Ainsi, ces syndicats, censés moraliser la profession, permettent également en pratique d'échanger et de vendre des renseignements noirs. Le SNARP et le CNSP APR [Conseil national supérieur professionnel des détectives] sont tous deux cités dans mon affaire et ses ramifications. Alain Letellier, secrétaire fédéral du CNSP APR, chargé des missions permanentes et des relations publiques, se retrouve sur les écoutes, interrogé par un APR de Nice :

– J'ai besoin des impôts et des solva [solvabilités bancaires et identification de comptes] de plusieurs personnes.

– J'ai le contact, répond Letellier. Un fonctionnaire 100 %. Mais il rentre en septembre. Sinon, Thomas Brondeau [ancien secrétaire général du Conseil national des agents privés de recherche] peut tout avoir sans problème. Je peux en prendre une ou deux pour dépanner. Je prends 500 balles, pour faire le minimum.

Quant à Madeleine Dieudonné, trésorière d'honneur du SNARP, qui devrait par conséquent respecter encore plus que d'autres la charte d'éthique, elle m'a téléphoné en personne pour avoir des renseignements bancaires. Pas de chance, j'étais sur écoute...

Alain Chouet, le trésorier en poste, figure également sur les retranscriptions pour le même genre de recherches. Le 24 août 2005, il téléphone à un nommé Cyril (agence ABAC) pour savoir si ce dernier a toujours un plan pour les comptes bancaires :

– Ben écoute, si mon client est d'accord je passerai par toi, tu te feras ta com.

Ma juge d'instruction, Mme Tabareau, à qui j'explique le tableau, me répondra en soupirant : « Je sais... » Et pour cause, les écoutes, elle les lit.

Plus anecdotique, cette conversation du 14 septembre 2005 entre deux APR laisse supposer un partenariat éventuel entre la gendarmerie de Versailles et un agent privé de recherche :

– Cédric ?
– Oui.
– Sylvain. Je te dérange ?

– Vas-y.

– Y a la gendarmerie de Versailles qui m'appelle.

– Quoi ?

– Il y a la gendarmerie de Versailles qui m'appelle. Je peux pas parler trop fort. Il y a la gendarmerie de Versailles qui m'appelle pour me filer une mission.

– Ah, ah, ah, c'est vrai ?

– Je te promets.

– C'est bon ça.

– Et l'autre il me fait : « C'est Madeleine Dieudonné qui m'a dit de vous appeler… »

– C'est bon ça. Et c'est pourquoi ?

– Ben je te le dirai, je te dirai tout ça tout à l'heure. Je sais pas, je vais aller le voir là.

– Tu vas le voir quand ? Aujourd'hui ?

– Ouais, dans vingt minutes là.

La gendarmerie jouerait-elle parfois à la DST ?

Chapitre 6

Notre ami américain

Après mon audit sur la sécurité de Vivendi, j'ai pris un peu d'assurance dans mon nouveau métier. J'ai aussi compris la plus-value qu'apportait mon travail à l'ESP, dont les patrons se reposaient de plus en plus sur moi. Au début, Luc Cottenet était présent tous les jours, puis, progressivement, ses week-ends se sont prolongés. J'avais de plus en plus de responsabilités et de travail. J'ai alors fait valoir que mon rapport avait permis de récupérer la sécurité des bureaux de Vivendi, que j'avais établi une stratégie commerciale qui n'existait pas avant mon arrivée, que je faisais des dépoussiérages pour une prime misérable, bref qu'il fallait revoir mon salaire. Je gagnais à l'époque 2 200 euros mensuels et j'en demandais 3 000. Pour toute réponse, Luc Cottenet m'a proposé d'utiliser la Mercedes de la société pour mes trajets quotidiens.

L'ESP était en contact régulier avec Kroll France, la filiale française du plus grand cabinet mondial d'intelligence économique, fondé à New York en 1972 par Jules Kroll, un ancien avocat. Les Cottenet sous-traitaient avec Nicolas Waldman, son directeur général, et Frédéric Fougères, son sous-directeur, filatures et surveillances mais aussi quelques missions de protection rapprochée. J'étais évidemment devenu leur interlocuteur lorsque j'avais pris mes fonctions de directeur d'exploitation et ils appréciaient mon professionnalisme de gendarme. Au cours de ces missions, j'ai sympathisé avec Hervé Zany, alors directeur adjoint de ce client.

Il semblait déjà assuré qu'après le départ de Nicolas Waldman, Hervé lui succéderait. Trentenaire actif, ce diplômé d'une école de commerce connaissait bien le monde de l'entreprise et se mouvait avec aisance dans l'investigation économique. C'était un manager discret, avare de confidences sur les missions qu'il me confiait. Un jour, au début de l'année 2003, il a ouvert le jeu :

– Patrick, nous sommes très satisfaits de ton travail. Si un jour tu en as marre de l'ESP, pas de problème pour t'aspirer chez nous.

– J'aimerais plutôt, mais je ne suis pas sur de maîtriser assez l'anglais pour bosser pour des Américains.

– Alors, le mieux, ce serait que tu montes ta boîte, tu n'auras pas de problème, nous te ferons travailler en filature et en surveillance.

J'ai donc fondé ma propre structure fin mars 2003. Le problème, c'était que pour devenir agent privé de recherche agréé, je devais avoir quitté la gendarmerie depuis cinq ans. Ce qui n'était pas le cas. Et ma condamnation dans l'affaire Aignan m'interdisait de gérer une telle société. Jean-Marie King, ancien gendarme devenu APR, a accepté de devenir le gérant d'Iris, sans s'y impliquer.

J'étais son unique salarié (2 200 euros), le travail ne manquait pas mais Iris Consultants n'a jamais roulé sur l'or. Toutes les charges étaient réglées rubis sur l'ongle, nos frais étaient payés mais jamais, même avec l'aide de la DST, Iris n'a été une machine à cash. Nous n'avions pas de locaux, toute la documentation était entreposée chez moi. Et notre matériel se résumait à un téléphone portable, un PC, trois appareils photo et un téléobjectif de 500 mm. En cas de besoin, nous faisions appel à des prestataires de services. Par exemple, pour une filature avec images vidéo, nous contactions un APR disposant d'une moto avec caméra cachée dans le top-case. On trouve tout ce qu'on veut dans ce milieu. Il est possible de louer une camionnette banalisée tout équipée pour enregistrer, photographier, filmer, voire capter des conversations sur les téléphones portables alentour. Comble de l'ironie, contrairement à d'autres privés, je n'utilisais même pas de cartes de téléphone pour éviter d'être écouté car j'étais certain d'être protégé par la DST.

Je remplirai de nombreuses missions pour Kroll, dont plusieurs m'ont confronté à des personnalités politiques, médiatiques ou économiques. Jamais on ne m'interrogera sur la façon dont j'obtiens mes renseignements. On sait que je suis un ancien gendarme, on pense que j'ai gardé des amis dans la maison. C'est la raison pour laquelle ses dirigeants n'hésitent pas à me demander renseignements bancaires, fiscaux ou téléphoniques très nettement prohibés.

Durant l'hiver 2004, Hervé Zany me demande ainsi de surveiller pendant deux jours la journaliste Ghislaine Ottenheimer pour savoir qui elle rencontre. Je la fais suivre consciencieusement pendant qu'elle fait ses courses en Smart avenue Victor-Hugo à Paris ou qu'elle déjeune tout en riant beaucoup avec des amies. Devant l'absence de résultats satisfaisants pour Kroll, Hervé me demande de basculer la surveillance sur son mari, Thierry Lefébure, l'un des lobbyistes les plus en vue de Paris, que son feutre et sa grande écharpe rendent aisément repérable. C'est un client facile à suivre, qui marche lentement dans la rue et roule dans un gros 4 x 4 Volkswagen en respectant scrupuleusement le code de la route. Nous photographions une bonne partie de ses rendez-vous dans des lieux publics ainsi que les gens qui rentrent et sortent de son immeuble pour le rencontrer. Je fais également identifier les véhicules de ses visiteurs. Pendant ses rendez-vous à l'extérieur, j'appellerai à plusieurs reprises et sous différents prétextes son collaborateur pour connaître son planning. Ce qui facilitera grandement notre travail de surveillance et de prises de vue.

Cette surveillance ne durera que quelques jours. Toutes les photos et détails de la mission, ont été, comme d'habitude, remis à Kroll et à la DST.

En novembre 2005, Yannick Poivey, directeur adjoint de Kroll France, me charge de la mission Enzo. Laurence Parisot, présidente du Medef, mais aussi P-DG de la société Optimum SA, près d'Agen, spécialisée dans la conception et la distribution de portes de placard, soupçonne des vols de matériel au sein de son entreprise. Une de ses collaboratrices a pris contact avec Kroll, qui me charge d'établir les antécédents police de plusieurs salariés, d'effectuer une surveillance non-stop de l'entreprise (entrées et sorties du personnel et des véhicules et certains mouvements aux abords de l'entrepôt) du 10 novembre 2005 à 20 heures au 14 novembre à 7 h 45. À cette occasion, nous devons identifier les immatriculations. Le tout bien sûr dans la plus grande discrétion. Personne au sein de l'entreprise ne doit être informé de notre dispositif.

Dans le dossier que me remet Yannick Poivey figure un article du *Monde* daté du 6 juillet 2005, « Comment la présidente du Medef dirige sa PME », qui fait référence au licenciement, en 2003, d'un syndicaliste accusé d'avoir volé des portes, licenciement annulé après une plainte de ce dernier.

Au terme de leur mission à l'extérieur de l'entreprise, les deux enquêteurs envoyés sur place avec caméras vidéo et appareils photo ne repéreront rien de suspect.

Courant décembre 2005, Hervé Zany me demande d'effectuer une recherche d'antécédents sur Pierre

Bellanger, patron de la radio Skyrock. Je ne connais ni le but ni le commanditaire de ces recherches, mais il me semble que Kroll est à la recherche de cadavres dans le placard ! Hervé expliquera plus tard que cette mission avait trait au rachat potentiel de la radio. Kroll sait déjà que Pierre Bellanger a déjà été condamné, mais l'a-t-il été pour raisons professionnelles ou personnelles ? Les premières recherches de la DST feront apparaître que Bellanger, fils de l'ancien P-DG du quotidien *Le Parisien*, s'est attiré les foudres de la justice pour des infractions secondaires, toutes liées à l'exploitation de ses radios. Mais Kroll me demande de fouiller encore. La DST m'informe alors que ma cible aurait été entendue par la police en 2001, pour raisons personnelles cette fois, sur des faits qui s'étalent entre 1999 et les six premiers mois de 2000. Kroll s'impatiente, exige un bulletin de casier judiciaire. Celui-ci est vierge. Je le montre à Zany mais refuse de le lui laisser malgré son insistance. Devant mon refus, Hervé se contente d'allumer une nouvelle cigarette et de boire un quarantième café.

Le même mois, une nouvelle affaire sensible. En Suisse, un avocat doit déterminer la succession d'un certain William Kazan, dont les héritiers semblent divisés. Une grosse somme est en jeu et le reste de la famille se montre peu conciliant avec la compagne du défunt et son fils. La mission confiée par Yannick est claire :

– Patrick, vous devez enquêter sur les biens de Kazan, de sa compagne et du garçon. Il me faut tous les éléments d'environnement et antécédents éventuels de la femme et les dernières factures téléphoniques détaillées de William Kazan.

J'obtiens tout cela avec l'aide de la DST, dont mon contact me fournit les copies des factures téléphoniques et m'indique que William Kazan est né à Beyrouth le 16 février 1931.

– William Kazan, en fait, il a été ambassadeur itinérant au Qatar. Dans un premier temps ambassadeur itinérant et dans un second temps ambassadeur du Qatar en France.

– Et à quelle époque il était itinérant ?

– Dans les années 1990. Il avait deux adresses : avenue Montaigne à Paris et avenue Princesse-Grâce à Monte Carlo.

À l'automne 2005, Yannick Poivey me charge de retrouver la trace en France de la famille d'Idrissa

Seck, ancien Premier ministre du Sénégal, emprisonné par le président Abdoulaye Wade, qui lui reproche d'avoir détourné des fonds publics. Les élections présidentielles sont proches. L'agence Kroll de Londres compte parmi ses clients Karim Wade, le fils du président. La DST me fournit les adresses de certains des proches de Seck et me confirme que la famille Wade le recherche pour retrouver l'argent. Je me tourne également, à la demande de la DST, vers le commissaire Hubert Marty-Vrayance, qu'elle veut confondre. J'y reviendrai plus loin. Il m'affirme qu'il connaît le Sénégal par cœur et me fournit le numéro de portable de Karim Wade. La DST me répond qu'elle le connaît déjà mais me remercie chaleureusement.

Marty me fournit l'adresse de l'épouse d'Idrissa Seck, dans l'Oise. Il m'affirme qu'il peut prendre attache avec elle ou un autre membre de la famille, ce qu'il fera avec l'accord de Yannick Poivey à qui j'ai transmis l'information. Marty m'affirme que l'argent disparu provient en fait de Libye, à l'époque sous embargo, qui voulait acheter au Sénégal des matières premières indispensables.

Il me remet en outre un rapport sur la famille Wade daté d'avril 2004, dont je laisse copie à la DST et à Kroll. Ce document détaille de multiples trafics et détournements qui auraient été exercés par Karim Wade. La DST ne cache pas sa satisfaction, ce qui démontre au passage qu'en dépit des déclarations d'intention, les relations entre services ne sont pas toujours au beau fixe. Comme en témoigne une de mes conversations avec François Henrion, le 29 décembre 2005 :

– Sachez qu'heu… vos infos concernant Karim ont été appréciées.

– Heu, je vais en avoir d'autres vous savez.

– Ben je, ça serait parfait… [rires]

En janvier 2006, je suis saisi par Hervé Zany d'une demande qui vient de Los Angeles, baptisée « mission Kalamar ». Il a besoin de connaître tous les antécédents d'un dénommé Philippe Martinez.

Le 3 janvier, mon contact DST, François Henrion, me rappelle :

– Bon, moi j'ai regardé un petit peu pour notre Philippe…

– Ah oui pour notre Philippe !

– Alors, effectivement, bon pour l'instant je n'ai pas le document en question, je cherche aussi à vérifier par d'autres canaux [il parle de la fiche prison].

– Ouais…

– Heu, je vous confirme que le personnage est intéressant au plan pénal, c'est clair car il y en a deux pages pleines. Heu, le nombre d'escroqueries est quand même tout à fait remarquable, si vous avez le détail. J'imagine, ou si ça vous intéresse je vous donnerai ça...

– Ben écoutez, c'est gentil, surtout à ce moment-là, ça m'intéresse.

– Ouais ouais, d'accord on va communiquer un petit peu là-dessus.

Et on a communiqué là-dessus, dans le détail, au bar La Seine, quai de Grenelle à Paris, chacun avec notre cahier.

Chapitre 7

Tentative d'infiltration d'une taupe

Au début de ma collaboration avec Kroll, mes résultats rapides et précis engendrent parfois une certaine méfiance. Il arrive qu'Hervé Zany me lance :

– Ce renseignement n'est pas bon. J'ai confié la mission à quelqu'un d'autre.

Deux jours plus tard, il me confirme la validité de mon information après l'avoir fait vérifier par d'autres agents. Je gagne rapidement sa confiance :

– Je ne sais pas quelles sont tes sources, mais c'est gros…

Nous devenons assez proches, et nos invitations mutuelles à dîner renforcent mes liens commerciaux avec mon principal client et l'intérêt des services français.

Depuis mai ou juin 2003, j'entretiens des relations quotidiennes avec la DST. Un ou deux contacts téléphoniques par jour et deux ou trois rendez-vous par semaine avec Patrick Guiez. Au bout d'un an, avant son départ pour l'antiterrorisme, ce dernier me présente, toujours à l'Hôtel Napoléon, à mon nouveau référent, François Henrion. Un quadra frisé à l'apparence austère. Lorsque je l'invite à déjeuner, il ne manque jamais de me rendre la pareille très rapidement.

Avec lui, mes relations vont devenir encore plus étroites : trois ou quatre coups de fil par jour et jusqu'à quatre rencontres hebdomadaires. Nous nous donnons rendez-vous au bar du Sofitel, 61 bd de Grenelle, où tous les serveurs le connaissent. S'il arrive avec un peu de retard, ils lui lancent par exemple :

– Ah, ce monsieur vous attend depuis un moment. Pourtant, vous ne travaillez pas loin.

À cette époque, les bureaux de la DST sont encore rue Nélaton, à quelques centaines de mètres de l'hôtel.

François Henrion cherche même à étoffer mon portefeuille de clients. Il me fait ainsi rencontrer à La Garenne-Colombes le responsable de la sécurité de Gefco, une entreprise de transport, qu'il présente comme un ancien de la DST. Ce dernier souhaite que nous infiltrions ses équipes afin de mettre un terme aux vols qui ont lieu à l'intérieur des entrepôts.

Fin 2005, la DST souhaite en savoir encore plus sur Kroll France. Je leur ai déjà livré les noms et les profils, les numéros de téléphones, les e-mails et l'organisation interne... Je ne vais pas m'arrêter là. Il existe chez Kroll plusieurs divisions. La première, Kroll On Track, s'attache plus particulièrement à l'informatique et à la récupération de données. La deuxième s'occupe d'intelligence économique pure. Mais je suis aussi en relation avec la troisième, la sécurisation, que manage Joseph Aderet, un Israélien. Un jour, ce dernier me demande un service :

– Une jeune juriste nous a fait parvenir un CV tout à fait intéressant. Hervé ne l'a pas retenu pour l'instant. Mais regarde si tu peux faire quelque chose pour elle car elle souhaite travailler dans le milieu de l'intelligence économique.

Cette juriste de formation se nomme Isabelle Ginet-

Kauders et m'a déjà été recommandée par Cédric Henry, un autre APR.

J'en réfère à la DST. Deux jours plus tard, François Henrion ne cache pas son intérêt :

– Il serait tout à fait intéressant pour nous que cette jeune femme entre chez Kroll. Nous pourrions avoir quelqu'un dans la place et ça vous libérerait.
– Si vous voulez, je peux organiser un dîner à mon domicile avec Hervé Zany, Isabelle Ginet-Kauders et son mari.
– Parfait. Vous nous raconterez, nous comptons sur vous et une fois de plus, vous avez toute la confiance de ma hiérarchie.

Durant le repas, chacun s'enquiert bien sûr de la profession de l'autre. Hervé Zany n'est évidemment pas dupe de la raison pour laquelle j'ai invité cette jeune femme que je lui présente comme une amie. Quoi qu'il en soit, son profil l'intéresse. Et, cette fois, il lui propose un CDD de neuf mois pour remplacer un jeune analyste qui part faire le tour du monde.

– Envoyez-moi vos prétentions financières, lui demande-t-il en fin de soirée.

François Henrion est ravi.

Comme Isabelle ignore tout de la rémunération d'un analyste junior, je contacte alors Cécile Nzongou. Cette ancienne analyste de Kroll, qui a créé sa propre entreprise d'intelligence économique en province, m'indique qu'un salaire de 45 000 euros net par an semble correct. Je fournis l'information à Isabelle, qui obtient le poste.

Folle de joie, elle m'appelle pour me remercier et m'informer qu'elle commence au mois de janvier. Je n'ai pas l'impression d'avoir fait grand-chose mais j'y trouve un intérêt évident : une personne de plus dans la place qui me fait confiance. François Henrion décide de rencontrer Isabelle. Il m'expliquera par la suite qu'elle a fait preuve d'une intelligence remarquable lors de ce rendez-vous mais ne m'en reparlera plus jamais.

En 2008, j'apprendrai qu'Isabelle Ginet-Kauders a confirmé qu'elle avait bien été approchée par « un fonctionnaire du ministère de l'Intérieur », qu'elle avait rencontré à deux reprises. Elle affirme avoir décliné l'offre. Elle sera d'ailleurs embauchée définitivement par Kroll en août 2006. Elle affirme qu'à cette date, Hervé Zany savait qu'elle avait été contactée huit mois plus tôt par un service spécialisé. Hervé Zany l'a-t-il appris par Gilles Gray-Gaudiche, le patron de l'intelligence économique à la DST, qu'il a rencontré fin 2005, juste avant mon arrestation ? A-t-il appris à cette occasion ce qui m'attendait ? Le 15 décembre 2005, il m'appelle :

– Moi, j'ai des nouvelles pour toi qui sont un peu dans la lignée de ce qu'on a discuté, qui sont extrêmement, plus qu'extrêmement, euh... On en parlera autour d'un café OK ?

– Ah bon ?

– Oui, oui, oui.

– Mais c'est ?

– *A priori* grave.

– *A priori* grave ?

– Oui, et euh par association ça pourrait…

– Me retomber sur la gueule ?

– Oui, tu pourrais être assimilé. À un réseau, voilà.

– Ben, écoute, euh…

– C'est extrêmement, euh…

– Si, si. Je crois que je vais passer [chez Kroll], pour le coup, hein ?

– Non, non. C'est extrêmement confidentiel… Peut-être, pas aujourd'hui parce que j'ai trois ou quatre Anglais là…

– T'es gentil, tu m'annonces un truc comme ça et après euh…

– Oui, oui. Bon [...] Bon, je te conseille la plus grande prudence... Renforce ton système d'alarme, et ton système d'archivage ou de broyage, OK ?

Chapitre 8

« Raymond est bien français »

En août 2005, Jean-Marie Duniau, analyste chez Kroll, me charge de la mission « Parlak ». Je dois recueillir un maximum d'éléments sur Raymond Lakah, homme d'affaires franco-égyptien propriétaire du quotidien *France-Soir* et d'Air Horizons (ancien Euralair), qui s'intéresse au rachat d'une autre compagnie aérienne, Star Airlines. Bien évidemment informée par moi, la DST va me prêter main-forte en me fournissant les renseignements d'identité exacts de Raymond Lakah, l'identification de ses véhicules, ses adresses successives. Elle va également m'aider en me confiant des éléments plus sensibles, situant précisément les relations étroites que Raymond Lakah aurait entretenues avec le gouvernement français et ce depuis 1992, époque à laquelle, en délicatesse avec le gouvernement égyptien, il aurait reçu la protection du gouvernement français et été déclaré citoyen de la République – plus exactement en mars de la même année. Toujours selon la DST, Raymond Lakah, issu de la bourgeoisie copte, aurait fait l'objet de toute l'attention d'Interpol et aurait été retenu en 2003 à l'aéroport de Chicago, puis laissé libre. Mon référent à la DST me déclare que ses services se sont eux-mêmes saisis de la tentative de rachat dans laquelle s'est lancé l'ami Rami ou Ramy, comme ils le surnomment, mais me glisse, cette fois par téléphone, des précisions sur ses passeports :

– On a des passeports mais ils sont vieux, pour Lakah, vous les voulez quand même ou pas ?

– Je vais les prendre, merci.

– Passeport français n° 88XX... Il y a aussi un passeport égyptien qui est le 118XX... Le gars est bien grassouillet sur la photo !

Il me rappelle le lendemain :

– Oui, Patrick, François à l'appareil. J'ai fait un

tour d'horizon, nous n'avons pas en magasin d'autres éléments sur, euh... Raymond. Il a changé de nationalité pour obtenir la nôtre, le phénomène est antérieur ou concomitant à 1992, puisque, en fait, à l'époque où nous l'avons rencontré, cette année-là, rencontrer au sens, euh... par affaire, par dossier interposé, il avait déjà cette nouvelle nationalité.

Mi-septembre j'appelle François Henrion pour avoir confirmation de certains détails. Là encore, c'est clair, il consulte le fichier interne DST sur son ordinateur :

– Je confirme absolument qu'en 1992 l'intéressé... avait la nationalité... Ça, attendez voir. Je vais le ressortir mais... Je n'ai pas vérifié pour être très clair parce que... parce que je suis absolument certain. On va le faire en direct live... Nationalité... À la date de création du dossier, elle était déjà française. Donc le dossier a été créé, je vais vous dire ça... Il a été créé quand ce foutu dossier ? En mars 1992.

– D'accord.

– Alors je vais voir, un p'tit peu, tatata... Malversations... Bon 1999... Voyons déjà qu'est-ce qu'il y a en 1999, on va faire ça... On n'a qu'un Rémy, Raymond, [...]. Au Caire, Égypte, naturalisé français, directeur de société, demeurant à Éliopolis, [...] Au Caire, activités commerciales troubles. Bon ça, 99, à remonter le temps... Alors la carte... Budapest, c'était sa grande destination à l'époque.

– D'accord, très bien. Bon ben, écoutez, je vous en remercie...

– Non, non mais ça, c'est une certitude. Y a pas d'ambiguïté de ce côté-là, et j'ai vérifié ce matin... sur le fichier national des étrangers. Il n'y a plus de dossier qui apparaît à ce nom-là.

Je suis donc formel avec mon client : l'ami Raymond est bien français.

Lorsque j'ai commencé ma mission pour Kroll sur Raymond Lakah, j'ai contacté un ami qui avait travaillé comme directeur commercial chez Euralair, alors sous les ordres d'Alexandre Couvelaire. Rendez-vous avait été pris entre lui et François Henrion au bar La Seine. Une rencontre surveillée par la police judiciaire puisque j'étais déjà sur écoute à ce moment-là. Une nouvelle fois, Henrion m'a félicité chaudement sur le mode : « Qu'est-ce qu'on ferait si on ne vous avait pas ? Votre photo va être affichée dans les couloirs... »

Chapitre 9

Mission « Vesdre »

C'est en octobre 2005 que Kroll me confie mon affaire la plus trouble. Le client est un gros entrepreneur de BTP parisien dont le fils, la trentaine, marié, avec plusieurs enfants, a quitté sa famille pour vivre avec une jeune fille d'origine marocaine qu'il a rencontrée au Baron, un bar de nuit du VIIIe arrondissement de Paris. Il s'est installé avec elle dans un appartement de la rue de La Faisanderie, mais le père est inquiet car cette femme a confié à son fils qu'elle avait été la maîtresse d'un dénommé Hicham Mandari, de sinistre réputation.

J'apprends que cet homme, un temps proche de la famille royale du Maroc, aurait dérobé en juin 1998 une douzaine de chèques appartenant à Hassan II. Imitant la signature du roi, il aurait frauduleusement soustrait quelques dizaines de millions de dollars de l'immense fortune amassée par le Commandeur des croyants. Un an plus tard, à Bogotá, en Colombie, quelques jours après la mort du roi du Maroc, un commando armé de mitraillettes le prend pour cible en pleine rue. Trois balles lui traversent l'aisselle, les tueurs s'échappent. Mandari est soigné sur place, puis se réfugie aux États-Unis, avec sa femme et sa fille, poursuivi par les services secrets de différents pays pour trafic de monnaie.

L'épilogue a lieu en Espagne dans la nuit du 4 au 5 août 2004. Hicham Mandari est retrouvé mort, tué d'une balle dans la nuque, dans un parking de la station balnéaire de Fuengirola, près de Málaga. D'après la presse espagnole, l'arme du crime est un 9 mm d'origine israélienne. Aimant la fréquentation des journalistes, Mandari entretenait avec eux une ambiguïté sur son rôle exact auprès d'Hassan II. Il se disait proche de Mohamed Mediouri, responsable de la sécurité du Palais, et de Farida Cherkaoui, la favorite du roi, allant même jusqu'à laisser entendre qu'il serait le fils d'Hassan II. Neuf jours avant sa mort, un journal marocain avait même fini par publier la rumeur de sa royale filiation.

Bien sûr, la DST connaît déjà l'histoire. Je demande à François Henrion de m'aider à élucider qui est cette femme qui prétend avoir été la maîtresse de Mandari, mais il ne montre guère d'empressement. Kroll me relance, son client est très insistant, je prends donc contact avec d'autres informateurs qui m'apprennent qu'elle vivait auparavant dans le XVIIe arrondissement avec un trafiquant de cocaïne qui lui aurait cédé sa Porsche. François Henrion m'informe enfin que les jours et mois de naissance de la jeune femme correspondent (11 décembre) à ceux de l'épouse légitime de Mandari dont elle utilise le prénom (Hayat) pour racoler dans les bars de nuit.

La DST me contacte alors pour me rencontrer spécifiquement « sur cette affaire très sensible ».

– François, dites-moi, quel est le lien entre la femme de Mandari et cette jeune femme ?

– C'est complexe, je ne peux pas tout vous dire… Nous travaillons nous-mêmes sur le dossier Mandari. Mais il semble qu'elle soit la dernière personne à laquelle il ait parlé au téléphone avant sa mort.

Henrion me détaille alors son état civil, me précise qu'elle a une sœur qui se prénomme Hayat et qu'elle déclare comme profession « employée administrative » au Maroc. Il me livre un numéro de visa délivré à Rabat par la représentation française (RBA 20040113XXXXX valable du 30.08.2004 au 14.10.2004) et les coordonnées de son permis de conduire délivré à Chartres. Il ajoute que le plus étonnant est qu'elle possède un titre de séjour français.

– La seule précision que je puisse vous donner, m'explique Henrion, c'est que ce document lui a été délivré à la demande des services secrets marocains. Mais n'essayez surtout pas d'en savoir plus, pour l'instant c'est trop chaud, je vous en dirai davantage quand cette affaire sera classée.

Il m'explique alors que la DST algérienne et la DST marocaine peuvent se balader librement sur le territoire français sans même se soucier de prévenir leurs homologues hexagonaux. Il en va de même pour la DST française au Maroc ou en Algérie. Je commence à me sentir perdu au milieu de cet imbroglio de truands, de barbouzes et de services secrets.

En rendant mon rapport à Kroll, je ne peux qu'insister sur le fait que le contexte qui entoure cette fille me semble particulièrement nébuleux. Outre un flou très inquiétant sur son identité véritable, je n'ai jamais vu un trafiquant de stup offrir une voiture à quiconque sans contrepartie.

Je ne connaîtrai jamais le fin mot de cette histoire mais j'apprendrai par la presse qu'en mai 2006, les autorités espagnoles, en coopération avec Paris et Rabat, ont fini par identifier le meurtrier présumé d'Hicham Mandari. Il s'agirait d'un autre ressortissant marocain, Hamid Bouhadi, alors incarcéré en France pour tentative d'assassinat. Les deux hommes, qui se connaissaient depuis 1997, s'étaient spécialisés dans la « détrousse » des milliardaires du Golfe séjournant dans les palaces parisiens. Ils opéraient selon un partage des tâches efficace. Mandari, installé dans les mêmes établissements et vivant selon le même standing que ses futures victimes, s'arrangeait pour accéder aux coffres situés dans les suites. Bouhadi, auquel aucun système de sécurité ne résistait, arrivait ensuite pour rafler le butin. Leur coopération a longtemps fonctionné, jusqu'au jour où Mandari aurait tenté d'escroquer son complice en le payant en faux dollars. Bouhadi aurait alors voulu se venger.

Je me souviens néanmoins que, par téléphone, au mois de novembre 2005, François Henrion m'avait confié en toute confidentialité que l'assassinat de Mandari pourrait avoir un lien avec la DST marocaine. Par la suite, je me suis aperçu que, curieusement, cette confidence ne figure pas dans les écoutes téléphoniques cotées à mon dossier judiciaire.

Chapitre 10

Beaucoup de bla-bla, et des tracas...

Dès l'été 2005, j'ai pu mesurer à quel point la DST était satisfaite de notre collaboration. François Henrion m'avait proposé à plusieurs reprises de me rendre dans les bureaux du 7 rue Nélaton dans le XVe arrondissement de Paris, près du quai de Grenelle.

– Vous verrez mes supérieurs ! Vous êtes un de nos meilleurs agents.

Je n'étais guère enthousiaste. Nos rendez-vous au bar La Seine me suffisaient. Henrion me suggérait également de démarcher Geos. Cette entreprise d'intelligence économique était le concurrent direct de Kroll, mon principal client, et je redoutais le conflit d'intérêts entre ces deux mastodontes. Mais Henrion a insisté :

– Pour tout vous dire, il y a chez eux un ancien de chez nous, Louis Caprioli. Il commence à nous poser des problèmes parce que lors des réunions d'information dans les entreprises avec lesquelles travaille Geos, notamment Renault, il raconte ses faits de guerre du temps où il bossait pour la DST. Et ça, ça nous ennuie beaucoup.

En septembre 2005, je passe donc un coup de téléphone à Geos, chez qui je ne connais absolument personne. Et je suis rapidement reçu par Jean-Renaud Fayol. Cet ancien de Saint-Cyr a opéré comme officier spécialiste du soutien aux mouvements insurrectionnels, en particulier en Asie du Sud-Est en en Afrique centrale. Trentenaire d'allure athlétique, chargé de cours à l'École de guerre économique, il est responsable du département intelligence économique de Geos.

Fayol côtoie chez Geos d'autres personnalités issues du monde militaire et policier, tels Bertrand de

Turckheim, ancien officier des forces spéciales et de renseignements, responsable de la conception et du déploiement de systèmes d'information de la direction du renseignement militaire entre 1993 et 2000 ; Stéphane Gérardin, le boss de Geos, ancien du service action de la DGSE ; Jean Heinrich, général à la retraite, ancien directeur du service action de la DGSE, créateur de la DRM en 1992 (Direction des renseignements militaires), l'un des meilleurs connaisseurs du renseignement militaire français, président du conseil de surveillance de Geos.

Sans oublier bien sûr Louis Caprioli, patron de l'antiterrorisme à la DST de 1998 à 2004,

Au bout de quelques minutes d'entretien, Jean-Renaud Fayol me demande si je sais « poser une bretelle ». En clair, si je peux mettre en place une écoute téléphonique. Le souhaite-t-il vraiment ou bien me teste-t-il ? À la question, il répond par un sourire. De toute façon, je ne sais pas le faire, mais je peux me rendre utile sur d'autres types de renseignements.

– Comptes bancaires ? Factures détaillées ? Environnements difficiles ?

– Je peux essayer.

– Ça m'intéresse. Appelez-moi Jean-Renaud, je vous appellerai Patrick.

Et il m'oriente sur Olivier Martin, un analyste à la section intelligence économique, qui va me confier la plupart de mes missions pour Geos. Je suis assez fier. J'ai trouvé un nouveau client et la DST va être contente. Je n'ai plus le choix. La rue Nélaton peut serrer le collier et m'étrangler quand elle le veut. Autant lui faire plaisir. Un gentil « barbouze » dans sa petite officine.

Pour la DST, ces contacts sont une mine de renseignements. Lors de son audition, François Henrion le reconnaîtra sans peine : « Les rares informations que j'ai communiquées à Baptendier sont sans commune mesure avec la somme et la qualité des renseignements transmis à la DST par cet agent. » Je précise que « rares » signifie ici plusieurs environnements par semaine, des renseignements ultrasensibles venant de ses propres fichiers, agrémentés de factures de téléphone. Je lui fournis en tout cas une vision claire des activités de ces entreprises d'intelligence économique. Tellement claire, même, que ma contribution sera classée « confidentiel défense ».

Dès mon deuxième rendez-vous chez Geos, avec Olivier Martin, j'ai pu prendre en tout cas la mesure de l'écart immense qui sépare la confidentialité affichée pour rassurer le client en matière d'intelligence économique et la réalité.

Je suis arrivé comme à mon habitude avec un peu d'avance à Montrouge. J'ai sonné, je suis monté, un type m'a ouvert la porte et j'ai attendu dans un couloir à côté de la machine à café. Personne ne savait qui j'étais ni pourquoi j'étais là ! Les analystes ont commencé à arriver et à parler boulot. Ambiance commissariat de police. Je me souviens par exemple d'une mission Lancelot ou d'une mission d'exfiltration d'un individu de l'Algérie vers la France. Ensuite, pour entrer dans les bureaux proprement dits, personne n'a cherché à me masquer le code. Rien à voir avec l'esprit de confidentialité instauré chez Kroll à tous les niveaux : les analystes ne connaissaient pas forcément toutes les parties de l'affaire sur laquelle ils travaillaient ; les enquêteurs privés étaient cantonnés à leur recherche ; seul le patron, Hervé Zany, possédait une vision large de toutes les opérations. En termes de cloisonnement, Geos m'est plutôt apparu, d'après ce que j'ai pu entrevoir près de la machine à café, du style « paravent chinois » !

Le 6 septembre, Jean-Renaud Fayol me confie la mission « Mandal'ay ». Il s'agit d'obtenir le numéro de compte Crédit du Nord d'une société et de savoir si, au moment de sa création, un certain Jean-François Bedos se serait porté caution bancaire ou aurait nanti un certain montant au profit de Laurent Allart. Je dois donc obtenir le relevé de compte des mois de mai, juin, juillet de cette entreprise. Il me faut également effectuer une recherche clients et fournisseurs, obtenir et analyser les communications émises et reçues sur les portables de Bedos et d'Allart.

Le 10 octobre 2005, François Henrion, devant son ordinateur, me rappelle à propos des factures détaillées de Laurent Allart :

– J'ai plusieurs centaines de réponses qui sont tombées et je recherche là-dedans.

– Ouais ouais, 06.73.80...

– Il n'y est toujours pas, non... Je vais le faire passer en urgence aujourd'hui parce que ça commence vraiment à bien faire hein ?

– Ouais.

– Donc, on l'aura très rapidement hein, je... Il n'y a pas de souci, je vous rappelle.

– Idéalement, si ça peut être tout septembre maintenant, ce serait génial.

– Bon, allez, on va voir ça, je vous rappelle à ce moment-là...

Délai tenu. Je remettrai la facture téléphonique détaillée à Olivier Martin ainsi que l'identification des fournisseurs et clients de la société ciblée.

En octobre 2005, Olivier Martin me charge d'une mission sur le groupe MMA, n'hésitant pas à me dévoiler l'ensemble du contexte de l'enquête :

– Le client, c'est le groupe d'assurances MMA et plus particulièrement Jean-Claude Seys, le boss du groupe. Il exige de connaître les agissements d'un agent général représentant la compagnie, M. Emmanuel Paris, président adjoint du Sagam, syndicat des agents généraux de l'entreprise. M. Paris s'est opposé aux fusions qui s'opèrent au sein de MMA, notamment avec la compagnie Azur Assurances. Les fusions sont la stratégie d'entreprise vitale sur laquelle planche Jean-Claude Seys. De plus, Emmanuel Paris serait en relation très étroite avec un membre de la direction du groupe et lui aurait emprunté une somme d'argent. Ça ne plaît pas du tout au syndicat qui y voit un manquement aux règles éthiques du Sagam qui risque d'affaiblir la position indépendante de son président adjoint et donc du syndicat tout entier.
– Que dois-je faire ?

– Il faut identifier les comptes bancaires d'Emmanuel Paris et vérifier chacun d'eux afin de constater ou non des virements suspects ou des remboursements de six bons de capitalisation AXA qu'il détient peut-être…

Emmanuel Paris est évidemment la puce qui gratte l'oreille de la direction. Je dois procurer à Olivier Martin des éléments d'environnement que je demande à la DST ainsi que l'identification des comptes bancaires de Paris. Je confie cette dernière mission à Gilles Davennes, un ancien officier de gendarmerie devenu APR et mon principal sous-traitant. La DST, qui approuve cette recherche, s'engage également à rechercher l'existence de virements sur ces comptes. Plus de vingt comptes seront découverts. Quand j'en informe Olivier Martin, il bondit :

– Patrick, que disent vos éléments, en deux mots ?

– Ils disent, quoi, qu'il doit y avoir vingt comptes...

– Oh putain !

– Maintenant il faut que je voie avec vous par rapport au choix que vous voulez faire, parce qu'on ne va pas faire les investigations...

– Non, non, bien sûr que non. Alors écoutez, ça,

je vous le dirai demain, parce que je vois mon client demain.

– Moi, ils sont tous identifiés, maintenant il faut choisir quoi.

– Oui oui, je sais bien, mais ça je vais voir avec le client pour le coût.

– Je vois mon correspondant, mon client à 18 heures, ce soir, pour préparer la réunion de demain matin. C'est la raison pour laquelle, finalement, ce que vous me dites est assez opportun et donc je préférerais avoir ces éléments avant.

En fait, la plupart de ces comptes servaient légalement à l'activité professionnelle d'Emmanuel Paris. Et pas de virements suspects sur ceux analysés par la DST. Aujourd'hui en tout cas, la publicité « MMA, zéro tracas, zéro bla-bla... » me fait doucement rire.

Novembre 2005 : Jean-Renaud Fayol me demande d'identifier les comptes bancaires de Philippe Cardon, directeur de Charles Jourdan, une entreprise fabriquant des chaussures de luxe, et de recueillir les factures détaillées de ses communications téléphoniques des derniers mois (juin à novembre). Il faut aussi recenser ses biens immobiliers. C'est la mission

« Charbon ». Le 28 octobre 2005, la société Charles Jourdan est passée sous pavillon suisse, le tribunal de commerce de Romans désignant le fonds d'investissement Avendis Capital comme seul repreneur.

Je ne connais pas le client de Geos, mais il me semble probable qu'une personne ayant des intérêts dans l'entreprise a décidé de vérifier si Philippe Cardon ne se serait pas servi dans les caisses, ou n'aurait pas, de manière plus générale, trahi sa maison. La DST me confie ces factures téléphoniques détaillées sur des notes blanches, qui seront remises à Jean-Renaud Fayol.

Chapitre 11

Une affaire en bronze

En décembre 2005, Jean-Renaud Fayol me contacte pour la mission « Bronze ». Lors de notre rendez-vous dans les bureaux de la société Axis, tour Montparnasse, il m'apprend qu'il est en train de quitter Geos pour rejoindre cette nouvelle entreprise d'intelligence économique. Fayol ne me semble pas encore être parti officiellement. J'en veux pour preuve que le descriptif de la mission qu'il me remet le 16 décembre ne comporte aucun élément d'identification de la société commanditaire. Il me demande d'adresser ma facture pour cette mission (5 412 euros, facture n° 0512095, datée du 21 décembre 2005) à la société Socodev SA, sise au 7 rue du Fossé, L 1536 au Luxembourg.

Quand il apprend ces détails, François Henrion, dont le rôle est de surveiller les sociétés de recherche privées (SRP), veut en savoir encore plus :

– Ce qui nous intéresse concernant Jean Renaud c'est effectivement de savoir…

– Ah, bon…

– …où en est-il dans son projet.

– Ouais ouais…

– Avec qui il s'associe ? S'agit-il de travailler ou de faire une filiale de la boîte dont il vient [Geos] ou d'être en concurrence totale avec cette boîte ?

– Alors là je crois que c'est plutôt la concurrence totale, hein…

– Ouais.

– Apparemment, d'après ce qu'il m'en a dit, parce qu'il fallait être discret sur notre rendez-vous, alors là je pense que c'est cela, concurrence totale.

– Bon, pour le reste, je vous tiendrai au courant, donc, de ce que j'ai pu glaner ici.

– D'accord, c'est pour cela qu'on se voit demain en fait, d'accord, OK ?

– Non, non, c'est pour le plaisir de vous revoir Patrick… [rires]

J'apprendrai par la suite qu'Axis a été créé par un ancien de la DGSE, Bertrand de Turckheim, qui a débauché de chez Geos Jean-Renaud Fayol et Olivier Martin, avec lequel je traite les détails de la mission Bronze. Lui non plus n'a manifestement pas officiellement quitté Geos. Cette nouvelle collaboration constitue une excellente nouvelle pour la DST qui m'encourage à accepter le maximum de missions de la part d'Axis.

La mission Bronze présente pour la rue Nélaton un intérêt non négligeable car elle concerne un personnage d'importance : Idan Ofer, fils et bras droit de Sammy Ofer, célèbre magnat israélien, à la tête d'Israel Corp, qui détient une fortune estimée à 4 milliards d'euros. Le groupe possède également l'entreprise Ide, spécialisée en désalinisation, partenaire en Israël du groupe français Veolia.

Idan Ofer est censé séjourner deux jours à Paris à l'Hôtel Hyatt Vendôme pour y retrouver ses parents, Sammy et Aviva, et signer des contrats avec Veolia Water, le mardi 20 décembre, lors d'un dîner au Pavillon Ledoyen, dans le VIIIe. L'intérêt de la DST se concentre sur cette rencontre. Mais Axis me saisit d'une mission plus privée : Idan Ofer entretiendrait avec sa secrétaire une liaison qu'on me demande de confirmer. J'en réfère évidemment à François Henrion, qui insiste sur le dîner chez Ledoyen. Il veut que je photographie le staff d'Ofer, et notamment son garde du corps, un nommé Gad Green. Cet ordre complique un peu ma mission.

Pour celle-ci, j'ai besoin d'une équipe. Je contacte alors un autre agent de recherche, Cédric Henry, qui a déjà travaillé sur la surveillance d'Optimum. Il est alors sur écoute, mais à cet instant je ne le sais pas. Avec son collaborateur, il surveillera l'extérieur de l'hôtel, fera des photos et des vidéos, gérera les arrivées et les sorties.

Problème : si les parents Ofer arrivent bien à l'Hyatt comme prévu, le lundi 19 décembre, l'avion privé d'Idan Ofer et de ses collaborateurs est retardé pour des raisons météorologiques. Je demande à François Henrion de se renseigner sur l'arrivée effective du vol. C'est manifestement compliqué en raison du grand nombre de vols en provenance de Londres :

– Oui Patrick, François. Hein, bon, pour notre Loulou de l'aéroport, euh… C'est en cours, mais j'ai appris que la PAF [police de l'air et des frontières] n'avait en fait les plans de vol qu'en début d'après-midi.

– D'accord.

– C'est un véritable défilé et il travaille, euh… J'ai tapé au niveau central PAF donc… à la direction même, donc y a pas de… L'ordre a été passé officiellement, si vous voulez, euh… pas le motif mais j'ai dit que c'était pour nous et donc dans un schéma qui est, j'ai pas… Je n'ai pas trahi puisque moi ça m'intéresse aussi pour ma direction.

Le même jour, François me précise qu'il a lui-même mis en place un dispositif de surveillance chargé de contrôler l'arrivée des Ofer au Bourget et qu'il a prévu d'envoyer l'un de ses hommes à l'Hôtel Hyatt pour obtenir leurs numéros de chambre.

– Bon, donc on aura les deux hein, on aura le contrôle au point 1 (aéroport) et au point 2 (hôtel, numéros de chambres) si je puis dire.

– Au point 1 et au point 2 d'accord.

– Oui, hein, donc dès leur arrivée et puis heu… sur le lieu de résidence.

– En ce qui concerne le contrôle à l'arrivée ?

– Oui ?

– Il y aura des copies faites des documents ou… ?

– Alors si heu… si il y a un Tripoli [un vol en provenance de Tripoli] en même temps, non. Si il n'y a pas de Tripoli en même temps, oui.

Idan Ofer et son entourage n'arriveront en fait que le lendemain. François Henrion insiste sur la nature délicate de cette mission, notamment le 20 décembre : « En tout cas, je vous demande d'être très prudent, ce sont manifestement des clients qui sont, euh, protégés. »

Je m'assure très facilement de la tenue du dîner chez Ledoyen en téléphonant au restaurant. Je me fais passer pour un collaborateur très en retard d'Idan Ofer, qui veut savoir si le repas a déjà commencé…

Vers minuit et demi, Ofer et son équipe reviennent du restaurant et s'installent pour boire un verre de champagne dans les salons du bar de l'Hyatt. Ils ne parlent que de business. Absolument rien d'équivoque entre Idan Ofer et son assistante. Comme la DST m'a demandé un rapport avec photos et vidéos de l'équipe, je fais venir le collaborateur de Cédric Henri qui possède un mini-caméscope. Nous sommes seuls avec Ofer et ses collaborateurs. Paradoxalement, la meilleure façon de se faire oublier, c'est de faire du bruit, de parler fort. C'est ce que nous faisons, on plaisante, on rigole. Et dès que les Ofer se remettent à parler business, nous déclenchons les appareils et les mitraillons en groupe, et même individuellement. Chacun a le droit à son portrait. La DST est satisfaite, mais je n'ai rien découvert qui puisse accréditer les soupçons de mon client. Reste la nuit.

Tout le monde va se coucher. Afin de circuler tranquillement, j'ai pris une chambre dans le palace. C'est donc ma clef à la main que je suis discrètement le groupe. Chacun rentre dans sa chambre, Idan Ofer dans sa suite, son assistante dans sa chambre standard. J'applique ensuite un vieux truc : un petit bout de papier glissé au-dessus de leurs portes, qui tombera si on les ouvre. Sans oublier des passages réguliers dans le couloir tout au long de la nuit. Le matin, les deux papiers sont toujours à leur place. Ils n'ont donc pas couché ensemble, en tout cas pas à Paris.

Je remets le dossier à Axis, avec un double pour la DST à laquelle je fais en plus un compte rendu oral :

– On a fait une vidéo de tout le monde si ça vous intéresse !

– Ben, pour... des photos je prendrai bien en tous les cas. Oui oui, donc je vais essayer d'extraire [des photos de bandes-vidéo].

– Ouais ouais...

– Est-ce que vous avez eu chez, heu... Vous savez qui les a reçus, chez Veolia ? Est-ce qu'il y avait... il y avait Proglio ? Il y avait, euh… Il y avait qui ?

– Ça, je ne sais pas encore, je pourrai peut-être le savoir à la limite…

– On ne sait pas du tout si c'est un marché en Israël ou si c'est un marché euh…

Le 29 décembre, la DST me remet de sa propre initiative une note blanche avec les adresses à Tel-Aviv et à Monaco d'Idan et de Sammy Ofer, les numéros de cartes bleues internationales d'Idan Ofer à la banque Leumi (45801110707XXXXXX) et de Sammy Ofer à la City Bank (4128003453XXXXXX). Ainsi que des relevés de paiements par carte pour Sammy Ofer (19 décembre, Brasserie Lorraine, Paris, VIIIe) et avec la carte d'Idan Ofer (Le Chalet de Pierre, Saint-Bon en Tarentaise, puis Courchevel, 480 euros pour un forfait ski le 28 décembre 2005).

– Pour être très clair, j'ai pour Sammy une adresse à Monaco, un numéro de CB. Et, euh, son fils, j'ai également une date et la CB.

– D'accord.

– Une adresse également, qui est située dans le pays d'origine…

Je fournirai gracieusement les numéros de cartes à Axis, essentiellement pour montrer, selon les recommandations de la DST, ce dont je suis capable ! Sur le marché noir de l'information, ce genre de données se monnaie en effet en dizaine de milliers d'euros.

Une autre mission effectuée pour Axis éclaire ce dont les entreprises d'intelligence économique sont capables.

Au début janvier 2006, tour Montparnasse, Olivier Martin me présente Bertrand de Turckheim et me charge de recueillir des renseignements sur une possible liaison entre Mathieu Kérékou, président du Bénin, et Chantal Idouhou, née Desousa, conseillère du chef de l'État et épouse de l'ambassadeur du Bénin à l'Onu. Il veut aussi savoir si cette femme dispose de biens immobiliers en France ou d'une adresse dans l'Hexagone, ainsi que ses antécédents éventuels.

Je sais que les élections présidentielles au Bénin sont proches.

Dès le 6 janvier, François Henrion me rappelle à la suite d'un rendez-vous concernant cette mission :

– Bon alors globalement Chantal n'est pas connue de l'ensemble des fichiers.

– Oui, oui.

– Son mari se prénomme Simon.

– Alors Simon.

– Il est effectivement ambassadeur, euh… Il est représentant permanent auprès de l'Onu pour le pays en question.

– Ça d'accord, d'accord.

– Elle-même, d'ailleurs, dans cet organisme, a aussi des fonctions officielles.

– Ouais.

– Elle représente en fait, euh... Elle est tout simplement chargée de mission du président de la République. Comme par hasard !

– Oui.

– Les liens entre elle et le président sont confirmés.

– Ah ouais, ouais.

– La nature des liens, hein ?

– D'accord.

– Ça c'est évident, y a un rapport de confiance ! Euh… alors j'ai posé la question parce que moi je pensais que Kérékou était atteint par la limite d'âge. De même d'ailleurs que son principal opposant.

– Ouais.

– Là en fait on se rend compte que l'intéressé est en train de manœuvrer et d'empêcher le déroulement des prochaines élections.

– D'accord, ça, c'est intéressant.

– Est-ce que c'est pour prolonger son mandat ? La plupart d'entre nous le pensent, mais on n'a pas, il n'y a pas de candidat… comment dirais-je, euh… crédible qui tienne. Donc, c'est le schéma tel qu'il existe à l'heure actuelle. Je suis en train d'essayer de faire rapatrier des données par quelqu'un de l'extérieur de ma maison, dont malheureusement ce n'est pas la zone de prédilection.

Je ne sais pas si le client d'Axis a été satisfait de ces renseignements. Toujours est-il que Mathieu Kérékou n'a pas été réélu.

Chapitre 12

Il faut faire tomber le commissaire Marty

Même si elle ne l'a sans doute pas vraiment voulu, quelle que soit la façon dont on analyse mon interpellation, c'est la DST qui m'a fait tomber.

D'abord parce qu'elle a failli à sa mission protectrice tout en me poussant à commettre bon nombre des infractions qui me valent aujourd'hui d'être mis en examen. J'ai tellement entendu « Allez-y, on vous couvre ! » que j'y croyais vraiment. Je ne prenais pas de précautions particulières au téléphone car Patrick Guiez et François Henrion m'avaient, l'un et l'autre, assuré que ma ligne serait régulièrement vérifiée, toutes les deux ou trois semaines, ainsi que celles de mes prestataires, et qu'ils me préviendraient au cas où je serais mis sur écoute. Je n'ai donc pas souscrit d'autre abonnement que le mien, pas plus que je n'ai utilisé de cartes prépayées ou même de cabines téléphoniques. J'ai été écouté pendant près de six mois, la DST ne s'en est pas aperçue ou ne m'en a pas informé.

Et surtout, j'ai servi d'appât dans la provocation qui a servi à faire tomber le commissaire Hubert Marty-Vrayance, sans savoir, évidemment, que sa chute signerait également la mienne.

Avant d'être instrumentalisé par la DST, je n'avais eu aucun contact avec lui. Mais son nom ne m'était pas inconnu. Je savais que sa direction lui reprochait son attitude avec les médias et surtout sa proximité avec Yves Bertrand, l'ancien patron des RG. Selon une enquête publiée par le *Parisien*, le 28 novembre 2002, sous le titre « Les enquêtes secrètes des RG », Hubert Marty-Vrayance animait avec d'autres une cellule d'enquête autonome directement rattachée à Bertrand. Dans ce contexte, ce policier sulfureux s'était notamment intéressé aux circonstances de la mort de l'ancien Premier ministre Pierre Bérégovoy, qu'il qualifiait de « crime d'État », ou encore à la longue cavale d'Ivan Colonna, assassin présumé du préfet Érignac, qu'il ne croyait pas coupable.

À cette époque, il avait été muté des RG au poste de commissaire de district à Palaiseau et en voulait à tout le monde, en particulier à son ancien service, qu'il accusait de l'avoir brisé. Quand un de ses amis, un journaliste indépendant qui le connaissait et savait que je n'habitais pas loin, m'a expliqué qu'il pouvait me le présenter, j'en ai informé tout de suite la DST. François Henrion m'a dit de foncer et d'obtenir le maximum de Marty.

Je l'ai donc rencontré au commissariat des Ulis, qui faisait partie de sa zone d'intervention. C'était un type affable qui, au bout de cinq minutes, m'a affranchi :

– Vous avez quoi comme arsenal judiciaire dans vos contacts ?

– Ben pas grand-chose.

– Eh bien, moi, je peux vous obtenir ce que vous voulez !

Je découvre rapidement que, manifestement dans une mauvaise passe financière, il semble perdu. Il cherche en permanence de l'argent, il roule dans une voiture prêtée. La DST m'enjoint alors de le faire travailler :

– Achetez ses infos et revenez vers nous, on vous dira ce qu'elles valent. En même temps, ça nous permettra de savoir d'où il les tire. Et sachez que si on peut le faire tomber, on le fera tomber.

Ce n'est pas très reluisant. Mais Marty n'est pas un ami et, dès lors, je vais aller chercher chez lui des infos que j'aurais pu recueillir auprès de la DST. Il me propose tout et n'importe quoi : un « stic » sur une personne (état civil, antécédents judiciaires, copies de procédure...), des déclarations fiscales, des tuyaux sur les réseaux africains qu'il connaît bien ou même un passeport diplomatique de la république des Comores qu'il veut monnayer 2 500 euros. Et j'achète quelques-unes de ses infos ! Alors qu'à la DST c'est gratuit. Mais ce que veut la DST...

Pour sa part, Marty-Vrayance, qui se sent épié, surveillé, commence à paniquer. Et un beau jour, François Henrion m'alerte :

– Stop ! Cessez tout contact avec Marty-Vrayance, c'est une planche pourrie, il va tomber.

– D'accord, mais laissez-moi un peu de temps pour dégager. Vous m'avez demandé d'aller chercher des infos chez lui, je l'ai fait ; si je coupe les ponts d'un seul coup, il va se douter de quelque chose.

– Bon, mais faites vite !

Hubert Marty-Vrayance sera interpellé le même jour que moi, incarcéré comme moi quatre mois et demi à Bois-d'Arcy et mis en examen pour les mêmes chefs d'inculpation.

Chapitre 13

Service décommandé

Mon affaire explose au grand jour parce que, durant l'été 2005, j'ai fourni une immatriculation à Cédric Henry. Cédric avait monté son entreprise au début des années 2000 et s'appuyait sur de solides réseaux chez les opérateurs téléphoniques Orange et SFR. Il pouvait également obtenir des comptes bancaires, des informations Urssaf. Je l'avais rencontré par l'intermédiaire d'un ancien gendarme et je faisais appel à lui pour obtenir des factures de téléphones détaillées quand la DST me répondait ne pas pouvoir m'aider.

Mais Cédric Henry était sur écoute parce que travaillant sur une affaire d'enlèvement d'enfant dans les Yvelines. Cette conversation a alerté les enquêteurs. Lorsqu'ils ont pris connaissance de cette infraction, les services de la PJ 78 en ont avisé le parquet de Versailles, qui a fait ouvrir une seconde information. La juge d'instruction saisie, Magali Tabareau, a décidé de surveiller mon portable. Effet boule de neige. Mes contacts ont également été écoutés. Et les contacts de mes contacts. De Gilles Davennes au STRJD de Rosny (le Service technique de recherche et de documentation de la gendarmerie nationale, qui centralise tous les antécédents police justice, ainsi que les immatriculations des véhicules), en passant par Marc Koscas et Cédric Henry, deux APR que je côtoie régulièrement. En tout, dix-sept personnes seront interpellées.

Le 17 janvier 2006, à 6 h 30 du matin, ce sont quatre membres de l'Inspection technique de la gendarmerie nationale (l'ITGN, l'équivalent de l'IGPN pour la police) qui se présentent chez moi et perquisitionnent à mon domicile. Ils se concentrent notamment sur mon bureau et mon ordinateur, qu'ils saisiront d'ailleurs. La veille, Hubert Marty-Vrayance, qui sentait l'étau se resserrer autour de lui, est venu déposer deux cartons pleins de documents dans mon garage. Ils seront saisis et on m'accusera d'en être le receleur.

Durant toute ma garde à vue à Versailles-Satory, dans les locaux de la gendarmerie mobile, je vais protéger mes alliances avec la DST, mes clients et les APR qui ont travaillé pour mon compte. Même lorsque les enquêteurs m'apprennent que l'IGPN a interpellé François Henrion, Gilles Davennes, Cédric Henry et Marc Koscas, pour ceux que je connais.

J'apprécie particulièrement Gilles. À soixante-dix ans, il travaille à l'ancienne, essentiellement pour les banques et les assurances. Pas d'ordinateur. Tout à la main ! Avec un petit jargon codé qui ne trompe personne : « J'ai fait les grandes tours et les tiroirs. » Cela signifie tout simplement qu'il a fait interroger les fichiers police et gendarmerie. Quant aux « tiroirs », ce sont les permis de conduire et les cartes grises. Il est en cheville avec un inspecteur des impôts de l'Essonne, qui lui fournit des identifications bancaires. Je l'ai même fait travailler sur quelques environnements demandés par Kroll et déjà obtenus par la DST. Uniquement par affection pour lui. À quelques occasions, je ferais même intervenir sa belle-sœur pour quelques filatures peu importantes.

J'avais moins de contacts avec Marc Koscas. Cédric

Henry lui avait parlé de moi début 2005 et Koscas m'avait alors fait un démarchage commercial en règle :

– Je peux récupérer des numéros sur liste rouge. Je peux obtenir tous les renseignements CAF ou Sécurité sociale, pour des reconstitutions de carrière ou des vérifications de CV. Pas de problème, je téléphone directement aux caisses d'allocations et je me fais passer pour un chef d'entreprise.

La DST m'avait invité à la prudence :

– De toute évidence, il vous ment sur la manière dont il recueille le renseignement. Mais gardez le contact, nous voulons en savoir plus sur lui. On n'a pas tellement de nouvelles de lui depuis qu'il a publié un bouquin sur Arafat.

Puis, très rapidement, François Henrion m'avait prévenu :

– Koscas va tomber. Il va falloir que vous cessiez tout contact avec lui. Mais ne vous inquiétez pas, on vous couvre et on vous préviendra quarante-huit heures avant. Et si jamais on tombe sur une pièce dans sa comptabilité qui permet d'identifier Iris Consultants, on la dégagera.

Marc Koscas est tombé le même jour que moi et je ne serai pas couvert.

Je vais être interrogé pendant plusieurs dizaines d'heures. Je sais ce qu'on me reproche : j'ai demandé des renseignements à des APR. Je sais que j'ai enfreint la loi. Mais encore une fois, c'est la DST qui m'a demandé de le faire en passant un contrat avec moi. Je suis sûr qu'elle va l'expliquer.

Moi, je me tais.

Chapitre 14

De 3 grammes à 100 kilos de responsabilité

La lecture de l'inerrogatoire de François Henrion aurait provoqué l'un de mes plus beaux fous rires si la disproportion entre la façon dont il a été traité et celle dont j'ai été l'objet (Henrion : une dizaine d'heures de garde à vue dans les locaux de son service, dans un univers familier, un PV d'audition d'une page et demie dactylographiée, soit quelques minutes utiles seulement ; Baptendier : quarante-huit heures de garde à vue, dix pages d'audition) n'était totalement révoltante.

Le brave fonctionnaire de l'IGPN, la police des polices, qui interroge en effet François Henrion apparaît tellement soumis et déférent qu'on a peine à croire qu'il fasse partie des célèbres « bœuf-carottes » que redoute tout flic fautif. La perquisition se fait « avec l'accord de M. Henrion » ! On s'en veut de devoir rappeler ici que la police agit sur commission rogatoire, d'autorité et n'a que faire de l'aval d'Henrion. Seul son lieu de travail a été perquisitionné, pendant une petite heure. Aucun expert informatique indépendant n'était présent pour analyser son PC, comme il en avait été décidé à mon domicile. On n'a de toute évidence même pas recherché le cahier qu'Henrion noircissait lors de nos rendez-vous. Ce cahier, clairement identifié dans les écoutes téléphoniques et sur lequel figurent les renseignements que je lui fournissais et ceux qu'il me transmettait, n'est jamais évoqué dans son audition.

– Voyons-nous cet après-midi. J'ai beaucoup de choses à vous dire…
– Ah, alors je dois venir avec un caddie ?
– Venez avec votre cahier, ça suffira.

Selon les propres termes du fonctionnaire de l'Inspection générale des services qui l'interroge,

« François Henrion a été rencontré » et non pas interpellé. Il est noté que sa hiérarchie « a collaboré dans la plus grande transparence ». Il faut croire qu'elle avait la possibilité de faire autrement…

François Henrion cite Patrick Guiez, l'officier de la DST qui m'a mis le marché en main. Il ne sera pas relancé sur ce point. Il déclare par ailleurs : « J'ai essayé de dissuader Baptendier d'entretenir des relations avec Marty-Vrayance pour le bénéfice de ma direction. Conserver pour ma direction la primeur des renseignements de Baptendier. » Mais personne ne lui demande de quelle façon il a essayé de me dissuader. Et pour cause. Puisqu'il m'y a lui-même encouragé à maintes reprises. Faut-il prendre des gants pour interroger la DST ? Chausser des patins pour perquisitionner dans ses locaux ? Et troquer le code de procédure pénale contre un manuel de savoir-vivre ?

Restons dans la logique des enquêteurs. Est-ce parce que François Henrion n'a pas donné son accord que personne n'a perquisitionné chez lui ? Je croyais naïvement que les textes répressifs s'appliquaient de la même façon à tout le monde. Quelle erreur !

Les gendarmes du STRJD de Rosny ou moi-même n'avons pas eu droit à la même indulgence. Aucun

« accord » ne nous a été demandé lors des perquisitions à nos domiciles. Être affecté à l'IGPN ou à l'ITGN exige une totale maîtrise des textes, ces enquêteurs ne sauraient être incompétents. Seuls des conseils, voire des consignes, peuvent donc les avoir incités à se comporter de manière aussi déférente (ou ridiculement implacable et acharnée dès lors qu'il s'est agi de coincer le menu fretin).

Gérard Lacroix, le supérieur hiérarchique de François Henrion, a été entendu le même jour, de la même façon, dans les bureaux de la DST, de 14 h 25 à 17 h 10. La transcription de son audition tient pourtant sur une demi-page. Bien peu de mots pour près de trois heures. Durant cet entretien, il a déclaré qu'il était normal pour François Henrion de me fournir des renseignements et qu'il avait « l'aval de sa hiérarchie ». « Démarche appréciée de ses supérieurs », note dans son compte-rendu le policier sans craindre d'en faire trop.

Que peut-on alors me reprocher puisque la hiérarchie de mon référent elle-même reconnaît autoriser des actes illégaux et s'en félicite ? On aurait pu, par exemple, demander au commissaire principal Lacroix en vertu de quel texte de loi ou de quel règlement interne la DST était autorisée à divulguer des informations contenues sur des fichiers informatisés, dont certains internes à leur service.

François Henrion, laissé libre par la magistrate, n'a été entendu par elle que le lendemain de son audition. Et comme témoin assisté ! Il avait donc eu largement le temps de recueillir les consignes de sa hiérarchie. Cette première comparution devant la juge se résume à deux phrases : « Je n'ai rien de particulier à ajouter aujourd'hui. Je tiens simplement à souligner que j'ai agi dans le simple intérêt du service. »

J'apprends également à la lecture des comptes rendus d'audition que, « pour des causes inexpliquées », « mystérieuses » selon un terme que l'enquêteur utilise lui-même dans son PV, aucune conversation n'a été enregistrée sur ma ligne le 17 novembre 2005 entre 11 h 10 et 14 h 18. « Cela provient peut-être des réparations de lignes dans la caserne », se permet d'extrapoler complaisamment le fonctionnaire de l'ITGN en charge du dossier. À cette date, le conflit faisait rage entre Nicolas Sarkozy, ministre de l'Intérieur, et Dominique de Villepin, le Premier ministre, à propos de l'affaire Clearstream. François Henrion me demandait régulièrement par téléphone et lors de nos rendez-vous si je ne disposais pas de renseignements compromettants sur le ministre de l'Intérieur, qu'il appelait Nicolas.

En tout cas, je sais que j'ai eu ces conversations avec François Henrion et qu'elles n'apparaissent pas dans les écoutes actées dans la procédure. Pourquoi ? Je suis obligé de me poser la question.

Durant l'enquête, la juge d'instruction a missionné par commission rogatoire (qui constitue par conséquent une pièce de la procédure) des enquêteurs de l'IGPN pour porter un pli cacheté au cabinet du Premier ministre, le 16 novembre 2006. Soit deux jours après la rédaction de la synthèse des auditions d'Hervé Zany. Et juste après les investigations entreprises par l'ITGN chez Geos. Pouvait-il s'agir des pièces de procédure concernant les investigations menées au sein de ces trois entités d'intelligence économique ? Je ne peux penser que le juge ait ainsi contrevenu au principe du secret de l'instruction. Mais alors, qu'y avait-il dans ce courrier ?

D'autres conversations avec la DST ne transparaissent pas dans les transcriptions d'écoutes versées au dossier d'instruction. Comme la conclusion de François Henrion à propos de l'affaire Mandari laissant entendre que la DST marocaine pouvait être impliquée dans sa mort.

Kroll France fait également clairement partie des cibles qu'il faut manier avec délicatesse. Hervé Zany ne sera interrogé que le 7 novembre 2006, soit près de onze mois après mon arrestation. Il explique sans se démonter qu'il ne pensait pas que j'opérais dans l'illégalité. Il ajoute sans rire : « M. Baptendier devait m'aider à comprendre des procédures judiciaires » !!! Comme si Kroll manquait d'avocats et de juristes. Le plus drôle est qu'à la question : « Avez-vous rencontré des fonctionnaires de la DST depuis l'interpellation de Baptendier ? » il répond : « Oui, Gilles Gray-Gaudiche », le patron de l'intelligence économique à la DST. Hénaurme ! Mais aucune autre question ne fuse. Rien. On ne lui demande pas quand, ni pourquoi, ni s'il n'y aurait pas eu un arrangement quelconque à propos de cette affaire. Le fonctionnaire de l'IGPN se permet la conclusion suivante : « Aucun élément illégal ne transparaît directement de la part de Zany et Kroll. » Alors qu'il suffisait de lire certaines écoutes pour les confondre.

D'une façon plus générale, aucun de mes commanditaires ne semble avoir été inquiété. Le cursus de leurs dirigeants y serait-il pour quelque chose ? Pour donner le change, ce sont Baptendier, Davennes, le STRJD de Rosny et un commissaire paumé qui sont tombés.

Car nos amis justiciers de l'Inspection technique de la gendarmerie n'y vont pas de main morte avec les petits. Dans son audition, le major Mercier, chef de service au STRJD, avoue ! Oui, il a passé des renseignements à des anciens collègues qui travaillaient pour des sociétés comme Coutot-Roehrig, entreprise de recherche en généalogie dont le chiffre d'affaires se mesure en millions d'euros. Selon le chef Andres, gendarme du STRJD mis en examen dans le cadre du dossier, un salarié au moins de cette société, ancien gendarme de son service, possédait directement le code Cirso, qui permet de se connecter au fichier Urssaf (identités, adresses, employeurs notamment).

Mercier s'est fait grassement payer pour ses informations. Un pèle-pomme publicitaire (« mais neuf », précise la perquisition) ; une station météo, toujours publicitaire (« neuve également) » ; deux paquets de cigarettes ; et… des repas au mess de Rosny. Voilà de la corruption ! Mercier a aussi reçu un carton de vin de la part de Philippe Seurat (ex-colonel de gendarmerie, cadre d'Alten, entreprise d'informatique, habilité défense, qui demandait régulièrement des informations sur de futurs salariés) et de Pierre Pignot (ancien major, employé au service du personnel d'Exxon Mobil et trésorier de l'IEAS, l'Institut européen des sciences avancées de la sécurité, qui souhaitait également le même type de renseignements). Heureusement pour Mercier qu'on n'a pas trouvé lors de la perquisition le tire-bouchon offert par Seurat, sinon, c'était la prison à vie !

Il est évident que les petits gendarmes du STRJD n'agissaient que pour dépanner d'anciens de la maison, en majorité ex-officiers reconvertis, sans s'enrichir dans l'affaire. Dans son audition, le chef Andres, un des « corrompus » du STRJD, citera entre autres parmi ses demandeurs habituels l'ex-commandant Labelle, APR travaillant notamment pour Axa, l'ex-capitaine Herault, cadre dirigeant de Sferes, une société de conseil en sécurisation, et même un ancien de l'inspection technique, Denis Done, également employé de Sferes.

Chapitre 15

Vincent, Gérard, Jacques et les autres

Après mes quatre mois et demi de prison, j'ai dû me rendre à l'évidence : la DST m'avait totalement oublié. Je ne devais compter ni sur les institutions ni sur les sociétés pour lesquelles j'avais travaillé. J'avais le choix : continuer à me taire et attendre la sanction en espérant une certaine clémence, ou dénoncer le système. Après bien des hésitations, des mois de réflexion, c'est la voie que j'ai choisie.

En mai 2006, trois journalistes du *Point*, Jean-Michel Décugis, Christophe Labbé et Olivia Recasens, avaient cherché à me rencontrer. Ils s'apprêtaient à faire paraître un article sur la France des officines, le renseignement et les services français dans lequel, bien informés alors même que l'instruction était encore en cours (!), ils évoquaient mon affaire et mes relations avec la DST. En fait, leur texte était déjà prêt, ils voulaient juste m'avertir de sa parution et recueillir mon témoignage.

Je me contenterai à ce stade de confirmer ce qu'ils savent déjà.

D'autres rendez-vous suivront plus tard, cette fois à mon initiative. À cette occasion, ils me présenteront à l'un de leurs confrères proche du juge Marsaud :

– Je peux vous mettre en contact. Il est député et président d'une commission chargée de plancher sur un éventuel contrôle parlementaire des services de renseignements.

Je me rends une première fois à l'Assemblée et j'évoque devant Marsaud mon passage à l'Européenne de sécurité, la mission Ofer, la mission Wade, la déstabilisation du commissaire Marty-Vrayance... Très intéressé, il me convoque pour une audition officielle devant la commission et je suis entendu une seconde fois à l'été 2006. Toutes mes déclarations sont notées par un greffier.

Je sais qu'Alain Marsaud a également entendu des responsables de la DST. Mais pourtant aucune loi n'a encore été votée sur le sujet. Ce, malgré la volonté déclarée du président de la République de moderniser et de réorganiser au plus vite les grandes institutions de l'État. La France reste l'un des derniers pays d'Europe à ne pas contrôler ses services de renseignements.

J'avais longtemps hésité à prendre contact avec la famille Ofer. Mais la DST entretenait de bons rapports avec les services israéliens. J'ai donc choisi de me tourner plutôt vers Progosa, une société implantée en Afrique que j'ai surveillée en 2005 à la demande du groupe Bolloré. Cette fois, pas de risque que cela revienne aux oreilles de la DST que je savais, depuis l'exécution de cette mission, plus proche du groupe Bolloré que de Progosa.

Dès 2005, j'avais été saisi par Jean-Renaud Fayol et Olivier Martin de la mission Nicomède. Le groupe Bolloré souhaitait un environnement très détaillé sur Gérard Perrier, directeur juridique de SE2M et SE3M, deux sociétés installées au Togo appartenant au groupe Progosa. J'avais alors appris que Progosa était un groupe de droit espagnol créé par Jacques Dupuydauby, ancien du groupe Bolloré et, auparavant, du groupe Bouygues. Bolloré reprochait à son ancien collaborateur et ex-ami d'avoir détourné à son profit certains des actifs du groupe Bolloré au Togo. Aucun lien direct n'existait entre Vincent Bolloré et Gérard Perrier. Mais il me semblait très clair que le groupe Bolloré cherchait, en jetant l'opprobre sur Perrier, à discréditer Progosa, installée sur son territoire de chasse, l'Afrique de l'Ouest. D'autant que François Henrion m'avait expliqué qu'au Togo, la presse était divisée sur le sujet. Une partie était pro-Bolloré, l'autre plutôt favorable à Dupuydauby.

Je devais savoir si Gérard Perrier possédait des comptes bancaires et des propriétés en France, une adresse au Togo. Il me fallait également obtenir les factures détaillées de son portable togolais. Et, surtout, vérifier s'il avait eu affaire à la justice.

Rapidement, la DST m'a confirmé que Gérard Perrier était le maillon central de SE2M et que toutes les décisions importantes passaient par lui. François Henrion m'a précisé aussi que Perrier avait rencontré en mai 2005 à Lomé un représentant du groupe Bolloré et qu'il avait été condamné en 1991 pour abus de confiance. Geos me demandera la copie du jugement que je ne fournirai pas.

Dans cette affaire, la DST m'a renseigné sur tous les domiciles successifs de Gérard Perrier entre 1980 et 2005, et m'a donné tous les numéros de plaques d'immatriculation des véhicules, surtout des motos, dont il avait été le propriétaire.

Par ailleurs, la DST m'a fourni des notes blanches très fouillées sur Dupuydauby. C'est ainsi que j'ai appris qu'il était né le 16 août 1949 à Montmorillon, avait été directeur des relations extérieures puis P-DG de la SCAC (Société commerciale d'affrètement et de combustible), puis vice-président du groupe Bouygues en 1986. Qu'il avait dirigé la société Cerail de 1986 à 1996, avait été secrétaire parlementaire à l'Assemblée nationale de 1966 à 1970 et candidat aux élections législatives dans l'Allier en 1973... N'y manquait même pas le détail des médailles et distinctions qu'il avait reçues en Afrique.

J'avais confié tous ces renseignements à Geos mais échoué à récupérer la facture détaillée du portable Togocel de Perrier pour les mois de mai et juin 2005. J'avais essayé par mes propres moyens, sans succès, et Henrion ne m'avait été curieusement d'aucun secours. La DST, capable de trouver les numéros de cartes bleues de la famille Ofer, pouvait sans doute assez facilement trouver ces informations.

Lors de mon premier rendez-vous chez Progosa, en février 2007, je suis d'abord reçu par Rémi Chardon, le directeur général du groupe, dans ses locaux parisiens, avenue de l'Opéra. Informé de l'enquête commanditée deux ans plus tôt par le groupe Bolloré, il me met immédiatement en contact avec Jacques Dupuydauby. Je le rencontrerai deux fois entre février et mars 2007. Hors de lui, il m'annonce qu'il va demander des comptes à Vincent Bolloré et à Michel Roussin (directeur de cabinet de Jacques Chirac à la mairie de Paris, ministre de la Coopération du gouvernement Balladur, Monsieur Afrique du groupe Bolloré, par ailleurs ancien officier de gendarmerie et ancien du SDECE, ancêtre de la DGSE). Il a commencé, m'explique-t-il, à envoyer des courriers, restés sans réponse. Puis il a fait porter par huissier une signification à Vincent Bolloré en personne, au siège du groupe à Puteaux. Selon Jacques Dupuydauby, cet huissier aurait reçu des pressions écrites des avocats du groupe Bolloré : ce courrier, expliquent-ils, pourrait avoir des conséquences dommageables pour leur client. Toujours selon Dupuydauby, l'huissier lui en aurait référé par écrit et refuserait de porter d'autres courriers à Vincent Bolloré.

À cette époque, la presse togolaise s'attaque très violemment à Jacques Dupuydauby. Il est notamment traité de « déchet toxique pour la République togolaise ». Dans son numéro du 19 au 23 mars 2007, l'hebdomadaire *Le Combat du peuple* publie un article intitulé « Les mirages de Dupuydauby » où figure le duplicata du jugement de novembre 1991 de Gérard Perrier. Cette pièce de justice que j'avais refusé de fournir à Geos est finalement parvenue jusqu'à la rédaction du journal togolais.

Je rencontrerai une nouvelle fois Jacques Dupuydauby le 2 mai 2008 à Paris. Il me confirmera à nouveau détenir les preuves écrites de ce qu'il avance. Lors d'un nouvel appel de ma part, le 9 mai, l'un de ses conseillers me lira même la lettre de l'huissier.

Conclusion

Au sens strict du droit, j'ai contrevenu à des dispositions légales m'interdisant l'exercice d'une profession. J'ai, de plus, par personnes interposées, récupéré et vendu des informations contenues dans des fichiers automatisés dont l'emploi est strictement réglementé.

Le paradoxe est que, selon les déclarations de la DST et de Kroll par exemple, mon travail a largement permis de protéger des intérêts économiques publics et privés. Il est établi que c'est l'institution publique elle-même qui m'a fait passer d'un statut mal ficelé d'APR à celui de barbouze au service de l'État, m'assurant de sa protection en dépit des textes législatifs dont elle se moque. Mise devant le fait accompli, la DST l'affirme : elle est en droit de divulguer des renseignements protégés par l'administration. Est-ce pour défendre ces mêmes intérêts que la justice s'est montrée aussi invraisemblablement conciliante avec les entreprises privées de renseignements, au moins aussi justiciables que moi, et avec la DST, maître d'œuvre incontestable de ces délits de corruption ? Est-ce la raison pour laquelle François Henrion, qui m'a fourni l'immense majorité des informations en ma possession, n'a même pas été mis en examen alors que de nombreux lampistes ont été poursuivis pour une ou deux recherches parfois ?

Faut-il faire ainsi tomber les pions pour affirmer l'image de l'exécution du droit et faire croire que l'État est encore souverain sur la collecte du renseignement privé, et plus largement sur le maintien de la morale publique ? Mais existe-t-il seulement une morale en matière d'intelligence économique, hormis les multiples chartes éthiques que leurs auteurs ne respectent pas ?

C'est pourquoi je m'adresse à vous que j'ai d'abord servis, puis, une fois arrêté, tenté de protéger. Vous qui avez été assez lâches pour vous délester de toute responsabilité sur moi. Je m'adresse aussi à vous, madame Tabareau, juge d'instruction en charge de cette affaire, qui avez ordonné mon expertise psychiatrique (qui a eu lieu le 18 mai 2006 : RAS). Comment avez-vous pu ignorer les preuves dont sont remplies les écoutes téléphoniques et qui mettent en lumière la responsabilité des commanditaires privés ou d'État ? Et pourquoi ?

Je suis impatient d'entendre avec quelle faconde, avec quelle assurance, tous les acteurs de l'intelligence économique, publics ou privés, vont tenter de discréditer ces évidences, tout en nous rappelant leur détermination à combattre ces pratiques archaïques.

Au jour où j'écris ces lignes, je n'ai toujours pas retrouvé d'emploi. Je doute d'ailleurs d'en obtenir tant que le procès pénal n'aura pas eu lieu. Paradoxalement, les seules offres que j'ai reçues provenaient du monde de l'intelligence économique. J'ai décliné, évidemment. Mais cela témoigne de l'étrange moralité de ce système où condamnation judiciaire équivaut à compétence.

Sorti de ce jeu sordide, il me reste heureusement ma femme, mes enfants, tous les miens, unis devant cette tempête qui a ravagé notre quotidien, nos espérances. J'ai quarante-huit ans. Je suis resté debout. Il me reste la rage de me battre, d'affronter l'avenir.

Table

Achevé d'imprimer sur les presses
de l'imprimerie Bussière
en mai 2008
N° d'imprimeur : 081761/1
Imprimé en France